大美汉字系列

别了，别字先生

吴永亮 ———————— 著

山东画报出版社

济 南

图书在版编目（CIP）数据

别了，别字先生 / 吴永亮著 . -- 济南 : 山东画报
出版社 , 2025.4. --（大美汉字系列）. -- ISBN 978-7-
5474-4563-1

Ⅰ . H12-49

中国国家版本馆 CIP 数据核字第 2025E31T66 号

BIELE, BIEZI XIANSHENG

别了，别字先生

吴永亮 著

责任编辑 梁培培
装帧设计 王　芳　张智颖
插图绘制 冰橘工作室

主管单位 山东出版传媒股份有限公司
出版发行 山东画报出版社
社　　址　济南市市中区舜耕路517号　邮编 250003
电　　话　总编室（0531）82098472
　　　　　市场部（0531）82098479
网　　址　http://www.hbcbs.com.cn
电子信箱　hbcb@sdpress.com.cn
印　　刷　济南龙玺印刷有限公司
规　　格　160毫米×230毫米　32开
　　　　　6印张　110千字
版　　次　2025年4月第1版
印　　次　2025年4月第1次印刷
书　　号　ISBN 978-7-5474-4563-1
定　　价　35.00元

如有印装质量问题，请与出版社总编室联系更换。

序

"画报"，我对山东画报出版社的简称。这称呼透着简约、亲切，还特有画面感。

知道"画报"源于《老照片》系列丛书。一张张旧时泛黄的相片，一页页浸透沧桑的文字，一册册稍薄但特别"厚重"的书籍，让一代代人回望走过的路。

2008 年初，我撰写的《中国汉字的故事》在山东画报出版社出版，并且加印，受到了读者的欢迎。

2022 年初，为更好地展现新时代文化自信，许多出版社掀起了一股弘扬中华优秀传统文化的热潮。在此大背景下，编辑梁培培找到了我，要打造一本普及汉字文化的图书。刚好我电脑存有五年前关于给部分汉字上下左右加部件形成新一批汉字的书稿。于是经过半年的精心打磨，《我是小仓颉》

来到了许许多多小读者的手中。

原以为与"画报"的友情会暂告一段落，不料想，2023年7月25日，我和责编、发行部的同志们去泰安市宁阳县，开展"小仓颉走进宁阳城"读书活动。回程路上，发行部老师说："山东新华书店集团有限公司正在打造'新华荐品·爆品图书'，今天你讲的内容，加上《中国汉字的故事》《我是小仓颉》的知识点，我们回去后研究一下，可以形成新选题，冲一冲'爆品'。"

经过层层论证，选题终于得以通过，于是《了不起的汉字》《叫得响的名字》《别了，别字先生》列入出版日程。这三本书和《我是小仓颉》组成了"大美汉字系列"。

《了不起的汉字》可看作这套书的概述卷，从世界文字说起，再讲汉字从哪里来，跟着部首去认字，读准汉字不简单，以期读者对汉字有个大致了解。

《叫得响的名字》从我们人人都有的姓名入手，陪着读者去了解几千年来我国各朝代名字的由来，再讲述全国34个省级行政区名称及简称、别称的来龙去脉，随后了解大国重器名字背后的深刻含义、曲折艰辛与灿烂辉煌。

《别了，别字先生》从错别字的定义、危害进行分析，从繁简字、音近义近词、"别上想当然的当"等角度，用典型案例说事拉理，希望小读者举一反三，早点远离"别字先生"。

《我是小仓颉》通过在给定的汉字（母字）上下左右四个方向添加部件或汉字，组成一批汉字。用图文并茂的方式对母字和组字后的代表性个字进行源流介绍、应用举例。

四本书力求以图文并茂的形式吸引读者，以大量鲜活的事例感染读者，以填空、召开班会、撰写体会等方式拉近与读者的距离，最终让读者阅读《我是小仓颉》长阅历，阅读《了不起的汉字》长自豪，阅读《叫得响的名字》长志气，阅读《别了，别字先生》长见识。

希望大小读者们看完这套书，能够更进一步了解我们的汉字，喜欢我们的汉字，认对、读准、用好我们的汉字，如果能写一手漂亮的汉字，那就再好不过啦！

目　录

下　篇　别了，别字先生

上篇 错别字那些事

错字、别字，都是啥字

笔者上小学四年级的时候，老师给我们讲了一个故事。那故事过去五十多年了，至今仍令人印象深刻。故事说，一位知青到东北插队，给远在城里的父亲写了一封信，大意是：一切都好，放心吧。住在大狼（娘）家，睡在坑（炕）里边，这里经常下雨，没有命（伞），望家里寄点线（钱）来。

再来看看一篇小作文（见下图）。

扫雷

　　昨天，下了一天的雷，今天醒来就感觉特别冷。吃完饭走到学校一看，我的天，惊呆了！学校里全是雷。校长组织四、五、六年级扫雷！

以上故事虽然好笑，仔细想想，却一点也笑不出。其实，人的一生就是伴随着错别字，与它们不断较劲走过来的。

我们常把错别字绑在一起讲，其实，错字就是错字，别字就是别字，不是一码事。有时，人们为了省略，常把错别字省作错字，有时还把别字冠以"别字大王""别字先生"的雅号。你说说，这种雅号是多么有内涵，若让你戴上这两顶桂冠中的任何一个，估计也美不到哪儿去。

错字，其实本身不是个字，即在字的笔画、笔形或结构上写错了，似字非字。如有人将"染"字右上角的"九"写成了"丸"，将"柳"字中间少写了一长撇，这些都是错字。错字，古时刻版印刷时会出现，现在是电脑排版，这种现象基本没有了，除非电脑字库里把字给造错了。但是，如果是手写体，错字还是存在的。

别字是个字，只是应该用甲字，结果写成了乙字，说白了就是用错了地方。如"戊戌变法"写成了"戊戍变法"，"置身其间"写成"置身期间"，"融会贯通"写成"融汇贯通"，其中的"戍、期、汇"就是别字。

别字用错了地方，人们习惯也把别字叫作错字，完全可以理解。别字，明白人看了别扭。

错，形声字。小篆錯从金从昔（表声），隶定后楷书写作錯，今简化为错。后借用作造，从辵（辶）从昔（表声），表示交错。错，本义为金属在刻出的文字或花纹的凹槽中涂饰。错金，也称为金银错，是一种中国古代金属细工装饰技法。这种工艺涉及在金属器物表面铸出或刻出凹槽，然后将加热后的金丝或金片镶嵌其中，并通过磨错等后续工艺使其与器物表面平滑融合，形成华美典雅的装饰效果。造，本义为交错，即参差交叉。错与造合并后，把造本来义项都揽到自己身上来了，这就有了错落有致、错综复杂、犬牙交错。引申指两物相磨，如错牙。相磨，磨不好，就会出现误差；涂饰也有涂不准确的时候，这一切都引出不正确，这就有了错误、错字、错别字等。

别字造成的危害往往远大于错字。错字产生时，人们会猜测正确的字是什么，然后去判断表达的意思。别字则不同，人们当作正确用字去理解，往小处讲，会让人颜面尽失；往大处讲，则会损害家庭财产、企业形象，甚至国家利益。

不是所有错字都是错

　　错字，要放在特定时代进行确认是否属于错字。古时，臣民不得直书尊者之名，否则就是大不敬。于是古人巧用增减笔画（减笔为常用）法。这种缺笔，一般是省去该字的最后一笔或两笔，如把清朝玄烨皇帝的"玄"改为"玄"。在唐初，就已经存在缺笔避讳的情况，盛于宋代，传至明清。古时，木刻造字，这种办法使用起来很是方便，若放在当下电脑、手机打字，恐怕就有点麻烦了。可见，在特定年代里，玄不能算错字。

　　错字，还要放到特定的地区确认（如"步"在中国那就是错字，到了日本就是正确字）。

　　错字，还要看是否属于书法作品。如林则徐题写的"碑林"的"碑"字右上就少一撇，按理讲是错字，但是在古籍及碑刻上曾经有这种写法，后人只好将这个字视为"碑"的异体字（见下图）。

书法家笔下的字，有的的确是写错了，如把"张"字中间加了撇；有的是故意而为之，如曲阜"鲁壁"（见下图），不仅将"土"字移到壁字左下方，还给"土"字加点，暗示后人鲁壁内有珍贵书籍。

错字，还有一种原因是自行简化造成。如"噹"，汉字简化时，直接简为"当"，但有些读者根据"當"简化为"当"，就把"噹"类推简化为"哟"。世上无"哟"啊。这类现象还有不少。

最为奇葩的错字，大概要算第一次汉字简化时，将"穀"简化为"谷"。我们知道，"殼、彀、殻、穀、毂、縠、觳、鷇、瞉、穀、穀"这组汉字中都有殳。第一次简化时，"穀"字要类推简化，可能是铸字工大意，或者有意，将穀简化为谷，左下一横给减掉了，令人痛心疾首。2013年《通用规范汉字表》发布前，曾想加上那一横，结果受到广泛诟病，只好将错进行到底。

由于汉字入电脑字库时，会经过严格检查，错字可谓无处藏身。应该讲，通过电脑输入、排版，错字已经不成为问题了。因而，我们接下来重点来谈谈别字。

分门别类辨别字

别字的种类，大致分为形近而误和音近而误两大类。

形近而误。汉字的成分是多种多样的，其中有许多近似的部分，很容易引起书写上的错误。

形近主要是一些部首或偏旁非常相近，如：丷与氵、夂与辶、土与士、弋与戈、日与曰、夂与攵、木与禾、衤与礻、己与已、巳等。

部首相近的字本就容易混淆，相近部首与同一个字件构成的字更容易造成别字产生，如冷与泠、杆与秆、袆与袆。

音近而误。比如，挤对与挤兑，拼音输入"jidui"就会同时出现，这时需要根据文中要义选定挤兑或挤对。指排挤、欺负等意思时，常用挤对。

有些形近而误的别字，同时也是音近而误，更需要睁大眼睛仔细辨别，如班与斑，侯与候，辨与辩。

字形并不近似，只因读音相同或相近，也易造成误写，特别是拼音输入时这种比例较高。例如（连接号前面为正确）：部署—布署、安装—按装、首饰—手饰。

音近而误，多半是由于没有了解字的意义。如英雄气概，有的读者错写成"英雄气慨"，误以为气概是一种精气神层面的气质，所以误写为竖心旁。其实，气概的"概"是一种概尺，过去量米、面都用斗，量的时候堆得尖尖的，最后用尺子沿斗口一刮，这种尺子就是概尺。概尺所用木材不会因潮湿而变形，概尺还要刚直，于是就由概尺刚直等因素，引申出"英雄气概"。知道了字的内涵，你想错都难。

别字出现的其他小原因也值得摆摆龙门阵。

汉字组词，有时两个字通常部首相同，如玲珑、愉悦、拂拭等。所以人们容易把"锦绣"错写成"锦锈"或"绵绣"，把"宣泄"错写成"渲泄"。

想当然是别字现象出现的重要原因之一。如"脱贫攻坚"，有读者想当然认为，贫困自然艰苦，于是就出现了"脱贫攻艰"的错误写法。

还有就是学习不与时俱进，汉字简化、异体字整理等新规出台后，没有及时跟进学习，自然就会落伍，别字就再所难免。如第二次汉字简化时将"像"简化为"象"，1986年《简化字总表》发布时，将"像"恢复了，你再把"好像"写作"好象"，就会暴露出你的真实年龄，还有就是折射出你没及时更新知识的缺陷。

历史上部分两字或多字相互转注、假借等，也是造成别字泛滥的原因。如历史上先有"帐"，后又出现"账"，这两个字交叉使用。现在语言文字规范，要求尽量避免交叉，于是，凡是与金钱有关的用"账"，你再把账本、账号写作帐本、帐号就不合时宜了。

粗心大意造成别字出现。一旦输入别字，如果第一次校对没有揪出来，那就很难了。第一次校对，编辑或写作者兴奋度较高，此时常能发现别字。等到第二次，尤其是第三次校对，审美疲劳外加自信作祟，通常会出现别字在自己眼皮底下晃晃悠悠走来走去却熟视无睹。

造成别字的原因还有很多，说一千道一万，怪只怪自己对汉字知识的掌握稍欠火候，所以大家要"活到老，学到老"。

故意写别字，别有洞天

错别字产生的原因大致分为三类：一是记忆失误；二是无意错误；三是故意笔误。

本文着重讲讲有意写别字的有趣故事。

案例一：谐音换字救了一家人

笔者老家江苏溧水，是典型的丘陵地区。山不高，但草木繁茂，溪水潺潺，到处莺歌燕舞。话说1949年以前，一户刘姓人家常常接济邻里乡亲，有口皆碑，人缘极好。但当地戴姓地主，横行乡里，采取高压、恐吓等手段，逼刘家低价出让家产。无奈之下，刘家请来一位先生书写出卖合同。刘家媳妇哭着请戴大人高抬贵手，将房前那棵歪脖子柿树留下，以便家人将来路过有个念想。戴大人不知动了哪丝善念，居然同意了。于是双方签字画押。刘家背井离乡而去。十年后，房前屋后树木参天蔽日。戴大人令人采伐，准备换成银子到外地去闯荡闯荡。不料，刘家闻讯立马赶到，加以制止。原来，那位先生在撰写合同时故意将"柿树不卖"写成"是树不卖"，并私下悄悄告诉刘家。当时写好后是念给双方听的，于是"是树不卖"成了白纸黑字。戴家吃了个哑巴亏。

案例二：巧改词语，一语双关

一些广告巧改词语或一语双关，起到了宣传作用：出口成"脏"（吐痰）、步步为"赢"（运动鞋）、后来"锗"居上（饮料）、默默无"蚊"（电蚊香）、"咳"不容缓（药）、"骑"乐无穷（自行车）、爱不"湿"手（洗衣机）、随心所"浴"（沐浴器）、"肠"治久安（药）、一"剪"钟情（理发）、大吉大"栗"（板栗）、大"鸡"大利（烧鸡）、何乐不"围"（围巾）、一毛不拔（牙刷）、无"饿"不做（饭店）……

除了上面这些，有意改写词语的广告语，还常常在旅游类广告中出现。

我们知道，随着经济条件改善，旅游成了人们生活的必需品。各地的旅游宣传语文化内涵丰富，富有地域特色和人文底蕴，既展示了各地的自然风光，也反映了历史文化的积淀和当地人民的热情好客。

比如，山东的旅游宣传口号是"好客山东欢迎您！"区区七个字，把齐鲁大地的热情好客烘托得热气腾腾，不担心你不来。山西的旅游宣传口号是"晋善晋美"，用简洁的文字浓缩了山西旅游的整体形象，同时寓意山西旅游产业蓬勃向上，追求尽善尽美。天津的旅游宣传口号是"天天乐道，津津有味"，请大家仔细咂摸咂摸，你道出天津"狗不理"的味道了吧？贵州则是"走遍大地神州，醉美多彩贵州"，"醉"谐音替换"最"，"醉"还有陶醉、茅台酒等味道在里面。新疆——"疆山如画"，安徽——"皖美如画"，等等。

同学们，你还听到哪些有趣的谐音小故事，请记到本篇文章后面吧。

当年，全国各地多支医疗队驰援湖北，媒体巧妙地给每支队伍起了响亮的口号。这些口号大都采用谐音换字法，凝聚起特别的战"疫"力，对维护社会稳定、鼓舞全民士气有着巨大作用。

"京"兵强将　　　　"津"字招牌

"冀"来之，则安之　　竭"晋"全力　"辽"表寸心

别害怕"蒙蒙"哒　夜再"黑"，终见光明　"沪"你周全

逢凶化"吉"　"苏"战"苏"决　"浙"风挡雨　齐心"鲁"力

"皖"无一失　国泰"闽"安　"赣"做敢当　"粤"来越好

"湘"互扶持　　兵"桂"神速　　"琼"尽全力

随"豫"而安　"秦"劳勇敢　　"渝"战愈勇

"甘"苦与共　　"蜀"你最好

"贵"人相助　　"青"囊相助

拨"云"见日　安国"宁"家

同"新"协力

避讳形成的错别字，别有味道

古代，不得直呼和随意书写君王或尊长的名字，而须加以回避，以示尊敬，这叫作避；而文化的形成、丰富，引导人们注重礼俗、文雅，忌讳说和做一些有失体面的语言、事情，这叫作讳。避、讳始于周，行于秦、汉，盛于隋、唐，严于宋，直到民国改元，避讳之习渐废。

避讳用字，既要避，还得保持原义最大限度不变、原文畅通，一般人能读得出、认得清、理解得了。好歹古人智慧超群，在长期实践中创造出一门独特的避讳艺术，带来的"副产品"就是特殊"错别字"。

一是通过笔画增减，从而达到避讳的目的，褒贬之情悄然孕育其中。

古时，臣民不得直书尊者之名，否则就是大不敬。有时候就是避不开，如给尊者写信，那咋办？耗费无数个脑细胞之后就在尊者名的用字上下手，增减笔画（减笔为常用）。这种缺笔，一般是省去或更改该字的笔画（见右图，左为省笔，右为本字）。这种

做法起于唐代，盛于宋代，传至明清。

清代冷枚绘制的《养正图册》，其中一画作左侧文字中唐玄宗的"玄"均作省笔处理（见下图）。

二是对尊者姓名放大字体，以突出表现，从而表达对尊者的敬仰之情。明世宗晚年对外族的骚扰、侵略非常仇恨，

特别讨厌看到"夷、狄"两个字。于是颁旨，凡是不得不写这两字时，要把"夷、狄"写得非常小，从而显示憎恶之意。

三是改换汉字。比如，汉明帝名叫刘庄，"庄"姓的百姓便改为"严"姓。"庄严"本是一家。

再比如，明朝忌讳元朝回来，故将"元来"改为"原来"，但"元宵"不用改，因为"宵"与"消"谐音。后来袁世凯执政时，将"元宵"改为"汤圆"，原因是"袁"与"元"同音，"元宵"引申出"袁消"。当然最后"袁"还是"消"了。

四是另造他字。太平天国时期忌讳鬼字，曾把"魂"改为"䰟"。

古代人名避讳，有时候还采用空字法。空字法是将本字空而不写，或画以□，或书以"某"字。空字有一大缺陷，那就是让人误会是不是竹简等载体上的字风化，誊录时漏下了。唐人撰写《隋书》时避李世民讳，将王世充写成"王充"，把徐世勣写成"徐勣"。时间久了，后人不明就里，误抄成"王充""徐勣"。在现代书面语中，省略的字常让读者想入非非。

景点错字岂能一律判错

我们每到一处旅游胜地，在饱览祖国大好河山的同时，总能见到一处或多处值得回味的"字"。这种比较有个性的"字"在九州大地屡见不鲜，本篇着重讲几则在国内享有盛名的错字，讲讲它们的由来。

　　河北承德避暑山庄是清代皇帝避暑和处理政务的场所，在山庄正宫内午门上方，悬挂有一块匾额，匾的四周环绕镏金铜龙浮雕，蓝色匾心有四个金光闪闪的大字（见上页图）。但"避"字右边的"辛"下部多写了一横。遥想当年，康熙多写一横时，在场臣僚应当看得出来，但皇帝是金口玉言，谁也不敢提醒皇帝写错了，于是造就了"天下第一错字"。

　　对此，汉字专家意见不一。郭殿忱先生在《汉字文化》中撰文指出，早在一千多年前的唐代，流传至今的《唐写本唐人选唐诗》中，李白诗《古蜀道难》中的"朝避猛虎，夕避长蛇"，两个"避"字均多一横。看来，"辛"多写一横是有原因的。

　　笔者由"避"联想到"壁"。笔者老家有一处景点，名

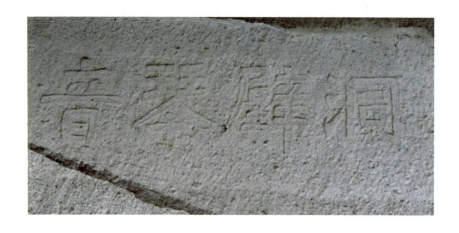

曰洞壁琴音（见上页图），位于南京市溧水区东南的秋湖山（原名青洪山）顶峰。所谓洞壁，乃采石后留下的石塘。石塘中有清泉从石壁上的缝隙中流出，滴入下方水潭中，如琴瑟之声，令人尘俗皆忘，故曰"洞壁琴音"。石壁上"壁"字将"土"移至左侧，右侧"辛"为三横。看来古人有将"辛"多加一横的癖好。

花港观鱼是杭州"西湖十景"之一，这块花港观鱼碑是康熙皇帝的御笔（见右图）。碑上"鱼"字下的四点少了一点。康熙为何如此书写，有两种截然不同的说法。

一是有意写错。康熙信佛，有好生之德，题字时他想"鱼"字下面有四个点，四点代表火，鱼在火上烤，还能活吗？于是有意少写了一点，三点成水，这样鱼便能在湖中畅游，潇洒自在。

这里笔者需要补充一下，火在汉字底部出现时被写成灬，如"焦、黑、熏、然、烹、热、烈、蒸、煮、煎、熬、熟、照、煦、点、庶、羔、熊、罴"等。"点"，繁体字點，不说也明。"庶"，"广"指屋檐，"廿"像悬挂的锅形，灬表火，整字会在屋檐下生火做饭，自然这类人就是庶民。"羔"，本义指火上烤羊肉，羊肉鲜嫩，后引申指出生不久的小羊。"然"，金文从火从肰（狗肉，兼表声），小篆整齐化，隶定后楷书写作然，本义指烤狗肉。"然"是"燃"的本字，现在"然"主要用于副词、助词等，既用于"自然"，也用于"孜然"。

"熊"这个字有说道。本来狗熊的"熊"就是"能"。"能"的右边上下"匕"就是指熊掌。由于熊的体格超大、本领超高、本事超强，于是就引申出能力、能量等义来。古人假借熊熊大火的"熊"取代"能"，而"能"则离"熊"而去，专职伺候能力、能量、本能去了。"罴"，读pí，繁体字为羆，是"熊"加"罒"的分化字。但不是所有"灬"都是火的演变，為、爲（简化成"为"，本义手牵大象干活，灬为大象四只脚），马的灬也是由四肢演变而来，鳥、燕、魚应是其尾部演变所致。很可惜，汉字简化后，"馬、鳥、魚"四点简化成一横了。

二是继承古人写法。小篆字形中的"鱼"，下方有的隶变为四点，有的隶变为三点。魏晋南北朝隋唐时期，下面三点的"鱼"比比皆是。康熙只是选取了古人所用生僻字来题写碑文而已。

这么一解释，康熙帝也没有写错。

说起"歪二"，能与唐代大诗人李白对上话呢！

湖南岳阳楼上有东西两联，东联是短短的一副八字联："水天一色　風月無邊"，落款为"長庚李白書"（见下图）。话说当年，岳阳楼的木壁上，曾有三个隐约可见的字迹：一、歪、二。人们一直猜不透。有一次，李白游岳阳楼，看出这是一副字谜对联，即"水天一色，風月無邊"，并当即写下了这副对联。此事虽为传说，但李白确有《与夏十二登岳阳楼》一诗。

“逼二”取其“風月”拿掉外框，意即风月无边，用来形容风光美好宜人或一种由外部环境引起的无边无际的舒适感觉。

南京的明太祖朱元璋明孝陵上，细心的游人至少可以发现两处错字：在明孝陵保护碑上，明孝陵写成了眀孝陵；入明楼，在陵墓宝顶正南面的石砌墙体上有“此山明太祖之墓”（见上图）七个字，其中的“明”也写成了“眀”。

成都著名的武侯祠内有块匾额叫“明良千古”，其中的“明”就写成“眀”；济南大明湖的牌匾上“明”同样写成了“眀”。

出现这种现象，有一定的时代背景，如在清代，把

"明"写成"眀"的现象很多。为什么？清代文字狱那是相当厉害，当时的文人墨客在许多场合都不敢直书大明王朝中的"明"，担心惹祸，但又不能绕过此字，于是把"日月明"易为"目月眀"，意思是睁眼写错字。另一种说法则相反，用"目"替换"日"是一种智慧，暗指"借我借我一双慧眼吧，让我把这纷扰看得清清楚楚明明白白真真切切"。

"明"，甲骨文有两种写法：一是从囧（窗户）从月，月光从窗口倾泻进来，极富诗意；一是从日从月。隶书"明"多根据小篆字形，讹作"眀"。查阅魏晋至清的书法作品，"明"多作"眀"，尤其是唐代名家多写作"眀"。

"眀"出现有两种可能：一种是故意强调眼睛的作用，还有一种情况，某位先人写"明"一不小心掉了一滴墨汁，于是将错就错了。但无论是什么情况，"眀"本身并没有错，因为早在汉印中就出现了这样的写法。明代张自烈，广收三万三千余字编成《正字通》一书，释"眀"为：古皆从日月作明，汉乃从目作眀。

"泉城"济南的趵突泉石碑，其中"突"省了两点，确实给人一种突兀的感觉。对此，有专家指出，"趵突泉"这三个字，本来点就很多，加之书写者把很多本不该是点的笔

画处理成了点，如"足"中"止"、"大"字的捺画、"白"字中间的短横，都变成了形态各异的点（笔者意见：这是作者有意而为，寓意泉水犹如珍珠般从泉池底部涌出）。所以，为了使这块石刻显得简洁一些，书写者就省去了两个点。从整体效果上看，确实显得干净多了，但这个天下独一无二的"突"字，也因而成为游客们津津乐道的话题。

山东曲阜有"三孔"，即孔府、孔庙、孔林。孔府大门正上方悬挂着一块蓝底金字圣府匾额，两侧有一副楹联是这样写的：与国咸休安富尊荣公府第，同天并老文章道德圣人家。上联"富"字上面少了一点，宝盖头成了秃宝盖。下联

"章"字下面一竖一直通到上面（见下图）。有人研究一番后曰：富不出头，意思是富贵无头；章字下面一竖出头，则表示文章通天。一经解说，人们顿时就感悟到孔府"文化圣地"之伟大、玄妙，游人知晓后大多连连叫绝。

"富""章"两个字均位于对联中间位置，单单这两个字采取特殊的写法，想必是书写者有意而为之。因此，我们还是应该静下心来细细品味富有诗意的篇章吧。

清代关内皇家陵寝，以北京为中心，共有东西两处，即东陵和西陵，分别位于河北遵化和易县两县境内。蓟（jì）县（今为天津蓟州区），处于北京、天津、唐山、承德四市之腹心。清代皇帝去东陵祭祀，必经蓟县。朝廷在蓟县设了个行宫，专供皇帝休息。

蓟州区最有名的古迹是独乐寺，但独乐寺最出名、最有价值的题字，非大清皇帝留下的墨宝莫属。别看咸丰留下的墨宝不多，却因为"报恩院"的"院"字少写了一横（见上图），一错成名。

据说，当年咸丰驾临独乐寺，当家的大和尚便想沾个荣耀，请咸丰为寺内四合院题个名。咸丰也不客气，即兴写下了"报恩院"三个字。但字写好后，咸丰才发现自己"献丑"了，"院"少写了一横。正在众人犯愁之时，咸丰开了金口，说人啊要知恩图报，佛家说要报四重恩：佛恩、父母恩、众生恩、国土恩，这恩一生是报不完的，所以"完"字的笔画不能写全，省略一乃一生之寓意。

其实，"院"从阜（阝左，表土墙）从完（表声，兼表院落完整、完全），但由于"完"还有"尽、无、了结"等意思，不符合人们求吉避害的心理。咸丰皇帝写"报恩院"的"院"时缺了一笔，当是缺笔避讳，意在恩情永远无法报答完结。另外，历史上缺笔避讳字是一种方式，本不算错字。

明代书法家萧显在山海关写下"天下第一关"匾额，其中"第"写成"苐"（见上图）。

"第"，甲骨文、金文、《说文解字》（以下简称《说文》）均不见其踪迹。据目前文献记载，大约在三国魏时才出现"第"。其后"第""苐"兄弟俩携手递进。《印刷通用汉字字形表》发布后，规定了通用字的形体标准。旧字形丷（四笔画）改为艹（三笔画）。

汉字中极个别先从"⺮"后改为"艹"，如"範""笵"，简化为早已存在的"范"，这种情况值得关注。⺮与艹均为部首，形成一组特殊汉字：竿与芉、筧与苋、笔与芼、筠与芴、笋与芛、笨与苯、笼与芲、符与苻、笠与苙、箈与茖、筶与苦、笺与茭、筱与莜、筦与莞、箐与菁、箸与著、箨与萚、箕与萁、箩与萝、管与菅、箫与萧、篓与蒌、篮与蓝、篙与蒿、箧与蒉、簿与薄、籍与藉等。

由"第""苐"，笔者想到2013年10月到江苏省溧阳市南山竹海的一次旅途发现。南山最高处海拔只有508米，但被称为"吴越'弟'一峰"（见下图）。登临最高点，"一脚踏三省"（"三省"指江苏、安徽、浙江）即成现实。山顶有口大钟，供游人撞钟祈福，所以这"吴越弟一峰"正是"鸡鸣三省，钟鸣六合"的地方。

请读者朋友注意，吴越弟一峰的"弟"不是"第"，也不是"苐"，而是弟弟的"弟"。究其原因，其一，它称不上是吴越境内的第一，只是其中的一位小弟；其二，你越到山顶，发现竹子越少，这是因为山顶土壤贫瘠，竹子无法生

长，所以山峰之上无竹也，当然"弟一峰"也就不能用竹字头的"第"了。

古时汉字书写虽然也有规章，但远不及今日之严谨、标准、规范，所以个人因素在汉字书写过程中常常有所发挥。造成如此错综复杂的"错别字"，一是有意而为之，二是无意，估计前者占的比例更高一些。我们每到一地，都或多或少与这类"字"打交道，如有经历、精力把这些字的来龙去脉都梳理清楚，完全是一本大部头的书。由于篇幅有限，本文仅选取著名的错别字加以解释，那些非著名的错别字交给细心的读者去搜集整理了。

福建泉州开元寺有一块"放心石"（见下页图），唐朝就有了。把心中的那一点改在下面，寓意是提起千般烦，放下万事空。原本在西塔的四周都有放心石，象征四方。民国时期塔的西边、南边、北边变成民居，人们把石头给搬出去了，只剩下东边这块。也有专家说，"心"字上面那一点写在了下面的寓意是：一是指放心、放下的意思。二是指心上无物，物在心外，以示解脱之意。

在笔者看来，字如心境：中间的一笔少了，代表虚心；中间这一笔提高了，叫提心吊胆；如果三个点集中在上边，则是多心；如果三个点在同一面，叫偏心；这一笔往下放，

叫放心。我们要把心放下，不要过多忧虑未来，不要想那些自己没有办法改变的事情，不要有自找的烦恼。把心放下一点，快乐就多一点，烦恼就少一点……

这些字，有人打小就写错了

写字，是大家从小的基本功。写字要讲求好看，但更重要的是正确。正确与否主要看笔顺和组字构件。有些字结构比较特殊，因此，书写起来错误就会找上门。

下面列举一些简单、常用但容易写错的字，大家不妨自测一下。

亲

"亲"字的三横两短一长，中间一横最长，很多人容易把第三横写成最长的。亲，形声字。金文 从辛（表声）从见，表示常见。小篆 改

为从莘（上为辛下为木表声）。隶定后楷书本应写作左莘右见，俗简作親。今简化用莘的省略形来表示亲。本义为关系密切、感情深厚。

冒

"冒"字的上半部分不是"日"，而是"冃"，那两横左右都不接。

冒，会意字。金文 上为帽子形下为目，会头上戴有帽子之意。小篆 ，几经演变成为冒。冒是帽的本字。

仿宋（日、冃）、楷体（日、冃）时，日与冃中间那横都靠左边，但都不靠右边。宋体、黑体时，"日"中间那横两边都靠，但"冃"左靠边右不靠边。

由此引申出"汩""汨"如何区分的问题，要具体字体具体对待，不能仅以胖、瘦来划分。

周

"周"口字上面是"土"而不是"士"。

周，象形字。甲骨文好似田地。金文圐。小篆周变形比较大。周的本义有多种解释，但大都离不开土地。所以"周"从土是历史延续。

黄

"黄"字的中间是"由"不是"田"。

黄，象形字。甲骨文黄好似佩璜形，上为系丝、下为垂穗、中为璜玉。金文黄。小篆黄。隶定后楷书写作黄。

考

"考"字下面不是"与"少一笔，而是"丂"。

考，象形字。甲骨文好似长发老人扶杖形。金文考手杖为丂形。小篆考。隶定后楷书写作考，从老（省去匕）从丂表声。故"考"下从丂。写

错就会"考"煳了。

肺

肺字右侧为市（fú），中间是一竖直接通下来，上下贯穿，而不是"市"。

肺，会意兼形声字。小篆 从肉（月）从市（借市枝叶披散形来代指肺，兼表声）。隶定后楷书写作肺。

含有"市"字的有："芾""柿""沛"。特别注意，"柿"还有一个孪生兄弟"杮"。

市的写法是上面一点一横，下面一个"巾"旁。

市的写法是一横，下为冂，最后是上下贯通的竖。

由市组成的字，常用的有两个：

柿：shì。柿树，落叶乔木，也指柿子树结的果实。

铈：shì。金属元素，符号Ce。

市，现在不单用，下面给出由它组成的7个合体字。

肺：fèi。指人和高等动物的呼吸器官。

沛：pèi。本为水名。现指盛大、充沛、丰沛。

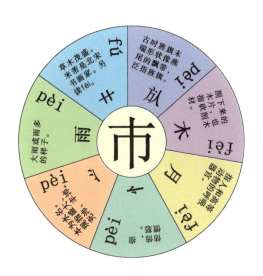

霈：pèi。大雨或雨多的样子。

芾：fú。草木茂盛。米芾是北宋书画家。另读fèi。

旆：pèi。古时旌旗末端形状像燕尾的飘带，泛指旌旗。

柿：fèi。削下来的木片，也指砍削木材。

怖：pèi。怖怖，指愤怒。

切

　　"切"的左边不是提土旁，
是一横再竖提。

　　切，会意兼形声字。小篆

切从刀从七（截断一棍形，兼表声），会用刀砍断之意。

有人误把"七"当作"土"，从而写错了。

没

"没"字右边读殳（shū，古代兵器，多用竹或木制作，有棱无刃），上半部分不是"几"，竖弯就停住，不要出钩。

没，会意兼形声字。小篆从水从叟（兼表声），会手入水中之意。隶定后楷书写作洠，俗误作没。后洠作为旧字形淘汰出局，今以没为正体。

殳是部首，其部落汉字不老少，如设、芟、投、役、殁、殴、股、疫、般、骰……这些汉字中"殳"要书写正确哟。

容易犯同样错误的还有"四"和"船"，"四"字里面不是"几"，右边是不出钩的；"船"的右上部不是"几"，同样不出钩。这里还要注意，舟独立成字，那横左右出头；舟作部首时，在汉字左侧（舸）、中间（搬）时那横左出头，右不出，主要是为了给右侧部件腾出空间来。舟在汉字右侧（辀），在汉字上部（盘），在汉字下部（寿，古同"前"），那横左右出头。

夕

"夕"字中间那点，不能露出来。

夕，象形字。甲骨文 ，半月形。金文 。小篆 。隶定后楷书写作夕。本义为日落，傍晚。从古至今，夕字那点一直躲在里面，千万不要让"点"露头啊。

夕是部首，其部落内汉字很多，诸如：外、岁、舛、名、多、梦、够、夥（huǒ）、舞、夤（yín）等。这些字一定要遵守"夕"字写法。

窗

囱，象形字。甲骨文 ，金文 、 ，小篆 。隶变后楷书写作囱。本义为开在屋顶上的天窗。由于囱后来专用

于烟囱，在墙窗户另造了牖（yǒu）字，天窗之义加义符穴写作窗。

"窗"字里面不是"夕"，那一点是出头的。带囱的汉字，除"窗"外，大都与我们平常生活离得远，故不多讲了。

燕

"燕"字上面不是草字头，而是"廿"，多了一横。

廿，读niàn，指二十。象形字。甲骨文 似两根带刻度的棍形。金文 在甲骨文基础上加了两个点。小篆 廿 。隶定后楷书写作廿。

燕，象形字。甲骨文 。金文暂缺。小篆 。隶定后楷书写作燕。廿指燕头，北为翅膀，口指喉，四点为燕尾。

带"廿"的常用字有世、革、堇，以及由此派生出的泄、鞋、谨等字都要注意。

比

"比"字上边不都是横，左边是横，右边是撇。

比，会意字。甲骨文从二人相并，会夫妇比肩亲近之意。金文 🔥。小篆 🔥。隶变后楷书写作比。本义夫妻匹合，引申指并列等义。

匕，常用于雌性，如麀（yōu），古书上指母鹿。妣（bǐ），母亲的尊称，后特指已故的母亲。考妣指父亲和母亲的尊称，特指已故的父亲和母亲，如丧考妣指像死了父母一样的伤心和着急。牝（pìn），指母牛，引申指雌性动物，如牝鸡司晨。

录

"录"字下面不能写成"水"，左半边是一点一提。

录，象形字。甲骨文 🔥 好似用钻钻木取火之形，小点为火星。金文 🔥。隶变后楷书

写作录。今规范用录。本义为钻木取火。引申指刻削，再指记录、抄录、目录等。

带"录"的常用汉字：剥、逯、绿、氯、禄、碌。

带"氺"的常用汉字：逮、泰、桼、黎、滕、暴、桼、漆等。

汆、氽、汞、尿、荥、泵、泉、浆、颍等字下方的确是"水"。

最后讲讲"执"和"戈"。"执"第五笔是横折斜钩，不是"九"的横折竖弯钩。

执，会意兼形声字。甲骨文从丮（跪人）从幸（枷锁，兼表声），会捕捉罪人之意。金文。小篆。隶变后楷书写作執。今简化为执。由本义捕捉犯人引申出执行等义项。

丸，象形字。小篆左下为人，似一人用手揉一物形。引申泛指小而圆球形的物体，如药丸子。

执虽然从扌从丸，但执字书写时第五笔与丸第二笔不同。

与执同类型的常用汉字：褺、势、热、垫、挚、纨、孰、熟、塾等。

戈，兵器，战争与和平同行，因而古人围绕"戈"造出相当多的汉字。

戈字在汉字中的表现形式多种多样：一是直接，如"划、戏、戗、戕、战、戛、戟、戮、戳"。二是融合，如"戊（兵器）、戌（兵器）、戍（戈与人组合）、成（戊与丁组合）、戉（常见字有越、钺）、我（手持戈）、咸（戌与口组合）、威（戌与女组合）、戚（戊与尗组合，尗表声）"。三是变形，如"戎、戒、或、幾"。四是与十整合成弋，如"哉、栽、裁、截、戴"。五是特例，如戢，读 jí，义指收敛，收藏，还用作姓；"识"的繁体字是"識"。

书写时，请注意戢（戈字左右贯通）与戟、戳、戮、戳的区别。

有个性的字

　　"琴、瑟、琵、琶"左边的"王"和"徵"的中间下方"王"的最后一笔是横不是提。但要注意："班""斑"第一个"王"字最后一笔为提。

　　"魅、籴、籴、褰、衾"5字末笔为捺不是点。按照书法中"避重捺"（如秦、食），上面5字应该改捺为点。但为了保持长期稳定，请注意不要动。

　　"巽、撰、馔、噢"4字中第一个"巳"字末笔为竖弯钩，不是竖提。

　　"杀、楝、亲、刹、脎、铩、弑、条、涤、绦、鲦、茶、搽、新、薪、杂、寨"17字中的"木"（楝仅指第2个木）含有竖钩，而不是竖，最后一笔是点不是捺。但要注意：木字作部首时，绝大多数是不带钩的，且最后一笔是捺，如

"采、朵、槃、桑"等。

"惠、瞥、弊、憋"4字包含横折钩"𠃌"结构，不是横折。但要注意："鳌、螯、鼇、幣、螫、獘、鉴"等字第四笔都是横折。

"唇、溽、缛、褥、耨、薅、蓐、蜃"8字含辰的部分是半包围结构，不是上下结构。但要注意："辱、晨"是上下结构。

毂字，详见8页。

汉字有些特殊构件属于不是部首的部首，如"旗、施、旆、旅、族"等字中的"㫃"（表现形式为𭤨），"载、戴、截、栽"等字中的"𢦏"，"赢、赢、𰠭"等字中的"𰃦"，"腾、媵、滕"等字中的"朕"（表现形式为𦝸），"颖、颖、颍、颕"等字中的"顷"（表现形式为𫄨），"修、倏、儵"等字中的"攸"（表现形式为倏）；"屐、屏、屣、履、屦"等字中的"尸"。

另外，这里特别提到两组汉字，值得大家关注：一组是：归、刍、当、寻、灵、帚、彗、雪、稳……

另一组是：尹、唐、君、群、妻、争、秉、事、肃、聿以及含有聿的汉字（津、肆、肄等）、隶以及含有隶的汉字（康、棣等）。

　　这两组汉字都有彐，何时中间那横向右出头，何时不出头呢？这里面有道理可循：当有笔画与中间那横交叉时，中间那横右侧出头，反之则不出头。

　　什么原因呢？中间那横右侧出头大都是甲骨文"𠂇"（又，指右手）变形而来，此类字大都与手劳作有关。

下　篇　别了，别字先生

新旧字形要辨清

1965 年，中华人民共和国文化部和中国文字改革委员会联合发布《印刷通用汉字字形表》，规定了通用字的形体标准。现在各种字典、词典里的《新旧字形对照表》就是根据这个表制定的，其中的"新字形"就是现在使用的规范形体。

《印刷通用汉字字形表》共收通用的印刷体字 6196 个。

《现代汉语通用字表》在《印刷通用汉字字形表》的基础上增订而成，共收汉字 7000 个。

以上两个字表明确规定了每个字的字形标准。不但统一了印刷体字形，而且和手写楷书也基本上一致，精简了一些在印刷上有特殊写法的字，很有利于汉字的学习和使用。

新字形比旧字形有哪些优势呢？

1.新字形比旧字形更便于书写。例如："骨"字上部的折笔，旧字形"骨"向右弯，新字形变为"横折"；"尚"字上部旧字形"尚"从"小"，新字形"尚"统一为向心笔势。

2.笔画减少（整体看有些没有减少笔画，即使减少，笔画数减少也不是很多）。例如："牙"字旧字形"牙"5画，新字形"牙"改为4画。

3.更简洁明了。例如："直"字旧字形"直"末笔为竖折，并与主体字形分离，新字形"直"改为"横"与上部字体紧密结合为一体。

4.便于称谓。例如："吴"字旧字形"吴"第四笔不便称谓，新字形第四笔改为"横"，整字结构可直接称为"口天吴"。"吴"不是"吴"的繁体字，是"吴"的旧字形，《现代汉语词典》（以下简称《现汉》）认可"吴"是"吴"的异体字。

《新华字典》《现汉》等工具书都根据各自需要，从《印刷通用汉字字形表》《现代汉语通用字表》中摘录有代表性的部分作为《新旧字形对照表》，印在工具书前面，供读者学习参考。

近六十年时光，新字形已经深入人心。我们在书写

新旧字形对照表

(字形后圆圈内的数字表示字形的笔画数)

旧字形	新字形	新字形字例	旧字形	新字形	新字形字例
艹④	艹③	花草	者⑨	者⑧	都著
辶④	辶③	近速	直⑧	直⑧	值植
幵⑥	开④	形型	尙⑧	尚⑧	敞淌
巨⑤	巨④	苣渠	垂⑨	垂⑧	陲睡
屯④	屯④	肫沌	隹⑧	隹⑧	堆集
瓦⑤	瓦④	瓶瓷	郞⑨	郎⑧	螂廊
反④	反④	板版	彔⑧	录⑧	渌箓
丑④	丑④	妞杻	昷⑩	昷⑨	温瘟
犮⑤	犮⑤	拨茇	骨⑩	骨⑨	骼滑
令⑤	令⑤	冷苓	鬼⑩	鬼⑨	槐嵬
印⑥	印⑤	茚	兪⑨	俞⑨	偷渝
耒⑥	耒⑥	耕耘	旣⑪	既⑨	溉厩
吕⑦	吕⑥	侣宫	蚤⑩	蚤⑨	搔骚
㑒⑦	㑒⑥	修倐	敖⑪	敖⑩	傲遨
爭⑧	争⑥	净静	莽⑫	莽⑩	漭蟒
产⑥	产⑥	彦	眞⑩	真⑩	慎填
羊⑥	羊⑥	差着	备⑩	备⑨	摇遥
幷⑧	并⑥	拼屏	黃⑫	黄⑪	横簧
羽⑥	羽⑥	翔翁	虛⑫	虚⑪	墟歔
吳⑦	吴⑦	蜈虞	異⑫	異⑪	冀戴
角⑦	角⑦	解确	象⑫	象⑪	像橡
奂⑨	奂⑦	换痪	奧⑬	奥⑫	澳懊
肖⑧	肖⑦	敝弊	普⑬	普⑫	潽镨
直⑧	直⑦	敢橄	曾⑫	曾⑫	增甑

《新华字典》（第12版）中的新旧字形对照表

时，绝大多数人都会采用新字形。但是在一些电脑排版的
出版物中，时不时会出现旧字形，比如有的报刊将"晚"（11
笔画）印成旧字形"晚"（12笔画），将"没"错打成旧字形
"没"，对此我们要保持高度警惕。

旧称，再称你就落伍了

旧称，顾名思义就是以前的称谓。也就是说，旧称在文章中一般不得出现，除非在解释某某旧称是什么（如白细胞旧称白血球）。

旧称与现称对应，现称产生的原因有很多种，有的根据政治需要，将带有歧视的旧称加以修改，如佤族，旧称倮佤族；有的是依据新的标准统一规范，如公尺是米的旧称；有的是科学技术发展之后，原称不科学，必须进行修改，如砷旧称砒。

下面，将《现汉》中的"旧称"和"新称"择出常用的，以便大家对照学习使用。

1. 单位类

【英两、唡】盎司的旧称。

【公尺】米的旧称。

【公分】厘米的旧称。

【公厘】毫米的旧称。

【公升】升的旧称。

【浬】海里的旧称。

【呎】英尺的旧称。

【吋】英寸的旧称。

【哩】英里的旧称。

【𠸄】英亩的旧称。

【㖊】英寻的旧称。

2. 民族宗教类

【回教】伊斯兰教在中国的旧称，1956年以后统称为伊斯兰教。

【满洲】名 ❶满族的旧称。1635年皇太极改女真为满洲，辛亥革命后称满族。❷旧时指我国东北一带，清末日俄势力入侵，称东三省为满洲。

【俅人】独龙族的旧称。

【爱斯基摩人】北极地区的土著人，主要分布在北美洲沿北极圈一带地区，另有一小部分居住在俄罗斯东北部，主要以捕鱼和猎取海兽为生。因纽特人的旧称。

3. 医学类

【白血球】白细胞的旧称。

【红血球】红细胞的旧称。

【血球】血细胞的旧称。

【扁桃腺】扁桃体的旧称。

【矽肺】硅肺的旧称。

【麦粒肿】睑腺炎的旧称。

【抗菌素】抗生素的旧称。

【盘尼西林】青霉素的旧称。

【万金油】清凉油的旧称。

【神经官能症】神经症的旧称。

【维他命】维生素的旧称。

4. 军事类

【兵丁】士兵的旧称。

【兵卒】士兵的旧称。

【工兵】工程兵的旧称。

【机关枪】机枪的旧称。

【驱逐机】歼击机的旧称。

【冲击机】强击机的旧称。

【细菌武器】生物武器的旧称。

5. 动物类

【守宫】壁虎的旧称。

【海狸】河狸的旧称。

【爬虫】爬行动物的旧称。

【鹘（hú）】隼的旧称。

6. 语言类

【官话】普通话的旧称。

【国语】在我国是汉语普通话的旧称。

【删节号】省略号的旧称。

【感叹号、惊叹号】叹号的旧称。

【手头字】简体字的旧称。

7. 科技生活类

【光洁度】粗糙度的旧称。

【碳酸气】二氧化碳的旧称。

【阴电】负电的旧称。

【阳电】正电的旧称。

【几率、或然率】概率的旧称。

【莱塞】激光的旧称。

【荷尔蒙】激素的旧称。

【媒质】介质的旧称。

【尼龙】锦纶的旧称。

【硫磺】硫黄的旧称。

【开氏温标、绝对温标】热力学温标的旧称。

【音频】声频的旧称。

【音强】声强的旧称。

【音速】声速的旧称。

【音障】声障的旧称。

【超音速】超声速的旧称。

【洋灰】水泥的旧称。

【洋火】火柴的旧称。

【洋铁】镀锡铁或镀锌铁的旧称。

【惰性气体】稀有气体的旧称。

8. 其他类

【格林威治时间】世界时。格林尼治时间的旧称。

【国际日期变更线】地球表面上的一条假想线，与地球
180° 经线大致相合，用作日期变更的地理界线。日界线的
旧称。

【暹（xiān）罗】泰国的旧称。

9. 个别字"俗作""旧同"

桔读jú时，"橘"俗作桔。也就是讲现在尚未认可，处在观望阶段。

粘读nián时，旧同"黏"。

帐，旧同"账"。

趟读tāng时，旧同"蹚"。

趟读tàng时，主要用于量词，如来回三趟。

蹚，从浅水里走过去，也指从雪地、草地等走过去，如蹚道、蹚路、蹚浑水、蹚水过河等；用犁把土翻开，除去杂草并给苗培土，如蹚地。

对待繁体字，我们要"识繁用简"

繁简字关系大致可分为四类。

一是一一对应关系，如"會"简化为"会"；

二是多个繁体字合为一个简化字，如"發、髮"统一简化为"发"；

三是一繁与一传承字合并，如"鬆"与"松"合为"松"；

四是繁体字一部分义项简化（"穀"在粮食义项上简化为"谷"，但用作姓、美好等义项上继续保留）。

本篇将繁简、繁异转换中极易出现错误的字作简要说明，以减轻你的烦恼。下面案例标题括号内为繁体字。

丑（醜）

丑，象形字。甲骨文从又（手），好似手钩曲用力揪物形。丑是"扭"的本字。后，丑专职作地支，古人另造扭表本义。

醜，会意兼形声字。甲骨文从鬼从酉（酒，兼表声）。会酗酒后人如魔鬼般丑陋。

用作十二地支"子丑寅卯辰巳午未申酉戌亥"中的第二个字、戏曲角色的一种和姓时，"丑"没有繁体字。如丑时（凌晨1—3时）、丑年（如辛丑年）、子鼠丑牛以及丑角、小丑、文丑、武丑、名丑等词语。辛丑年，写成"辛醜年"就献丑了。

形容丑陋、不好看、叫人厌恶或瞧不起的、不光彩的事物等，丑有繁体字"醜"。丑陋、丑事、丑闻、丑八怪、丑态、出丑、献丑、家丑不可外扬等这类词的"丑"才能转换成"醜"。

要注意，不要因为戏曲丑角扮相丑陋滑稽，就想当然地将"文丑、武丑"写作"文醜、武醜"。

出（齣）

出，会意字。甲骨文 上从止（脚）下从穴居的门口，会走出之意。由此引申出其他意义时，没有繁体字。如出来、出现、出版、出场、出产、出品、出口、出山、出题、演出、产出、献出、进出等词语则不能把"出"字变成"齣"。

表示趋向动词，如看得出、拿出一张报纸、看出问题、跑出大院、做出好成绩的"出"也没有繁体字。

齣，从齿（齿）从句，与戏曲有关，简化时与同音"出"合二为一了。用于戏曲段落和剧本的量词时，如《沙家浜》里最精彩的一出是《智斗》，这里的"出"可以转换成"齣"。

某电视台节目采访黄庭坚老家——江西省修水县双井村。村子迎面是一道影壁墙——进士榜，墙上开头书写皇帝制诰，结果把"出身"繁为"齣身"。如果黄庭坚地下有知，对老家如此这般造化该会是什么样的表情。

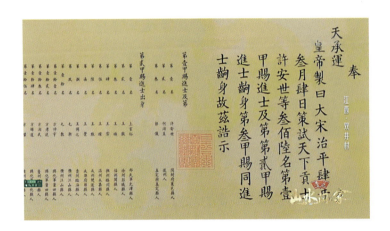

斗（鬥）

斗，象形字。甲骨文 好似带把舀酒的勺子形。

鬥，会意字。甲骨文 好似两个人扭扯在一起，非常形象。

汉字简化时，将动词"鬥"装到名词"斗"里去了。另外还请注意，"鬥"与"門（门）"不要混了。

读 dǒu 时，"斗"就是本字，没有繁体字，旧时 10 升等于 1 斗，10 斗等于 1 石（dàn）。盛粮食的器具，容量是一斗，方形，也有鼓形的。形状略像斗的东西，如漏斗、烟斗等的"斗"也没有繁体字。北斗星由七颗星组成，其形像斗器，故得名。

斗方、斗车、斗笠、斗胆、斗拱、斗篷、挎斗、星斗、斗转星移等词语中的"斗"都不能写成"鬥",如把"才高八斗"写作"纔高八鬥",估计那才气连斗底都盖不住。

读dòu,作"斗争、打斗、竞争"等意义解时才能写成"鬥"。"鬥"还有异体字"鬦、鬬、鬪"。

发(發、髪)

發,读fā,从弓从癹(表声),表示发射。依草书简化为发。本义射箭,引申出发展、出发、启发等义。

髪,读fà,从髟(biāo,长发)从发(表声),本义头发。简化为发,属于近音借代。与头发有关的繁体必须用髪,但有些理发店为了显示自己的文化底蕴,常写作"理發店",建议你不要进去,因为一旦进去,出来可能就是"爆炸式"发型。

范(範)

范,形声字。篆文从艸从氾(表声)。本义为草,现在主要用作地名(河南范县)、姓。

範,本义是铸造器物的模子(模具按材质可分为:以土曰型，以金曰镕，以木曰模，以竹曰範）。

汉字简化时，将"範"熔到"范"里了。

一种观点，范姓没有繁体字，《新华字典》《现汉》都支持这一观点。但是，《汉语大字典》则在"範"词条后注释：姓。《正字通·竹部》："範，姓。汉範依，宋範昱。"

复（複、復）

复，会意字。甲骨文 上边好似有两个出入口的地穴形，下边从夂（脚），会进出往来之意。金文 。小篆 。隶变后楷书写作复。

複，从衣从复（表声），本义为有里子的夹衣。表示重复、繁复，有复写、复制、复姓等。

復，从彳（半条街道，引申指行走）从复（表声），表示回来、回去、还原、再次。对应繁体字为"復"的词语有反复、往复、答复、批复、恢复、复兴、复辟等。

将"复"转换成"復"还是"複"，需要反复辨别，万不可想当然。

中华人民共和国成立后，"复"是"復、複、覆"的简化字。古时候，覆与复在一定范围内相通，于是1964年编印的

《简化字总表》将覆作为复的繁体字把"覆"给灭了。后来使用过程中，发现覆与复不能完全替代，如"复国"是指复兴国家，还是指国家覆亡？于是，1986年修订的《简化字总表》作了调整，明确"覆"字恢复使用。"覆"字的意思是上下颠倒，如"覆巢之下，安有完卵？""前车之覆，后车之鉴"。

虽说覆不再是复的繁体字，但两个字之间还是翻来覆去，藕断丝连。

【复信】（覆信）❶动 答复来信：及时复信｜收到读者来信后，就立即复了信。❷名 答复的信：信寄出很久了，还没有收到复信。

【覆辙】（复辙）名 翻过车的道路，比喻曾经失败的做法：重蹈覆辙。

【答复】（答覆）动 对问题或要求给以回答：答复读者的提问｜会给你一个满意的答复的。

"天翻地覆"写作"天翻地复"的那一页已经翻过去了，再写就错了。

干（乾、幹）

干，象形字。甲骨文 Ұ 好似带杈的木棍形。本义为原始狩猎工具，几经演变成了"干"字。

干，读gān时，有多方面意义：其一是盾牌，如干戈、干城，还用作姓。其二是冒犯、触犯、扰乱或关联，相关词语有干涉、干扰、相干、干犯、干预。其三是水边，如江干、河干。其四是天干，相关词语有天干地支、干支纪年。前四项的"干"就是本字，没有对应繁体字。其五是干燥、水分少等意义，这些意义的"干"的对应繁体字是"乾"，相关词语有干枯、干旱、干涸、饼干、肉干、杏干等。

干，读gàn时，对应的繁体字是"幹"。常见的相关词语有干部、干练、干事、干劲、干道、干线、树干、主干、精干等。

特别指出，"乾"字在"乾坤、乾隆"和人名里读qián，不能简化为"干"。

谷（穀）

谷，会意字。甲骨文 ，会泉水流出山涧泉口之意。如山谷、河谷、深谷、低谷、波谷、谷地、谷底等。

穀，小篆 从禾从㱿（空壳，兼表声），会带壳的谷物之意。隶变后楷书写作穀。本义为谷物，引申指谷类作物的总称。引申出善、好之义。穀，在稻谷义项上今简化为谷。

穀并没有像绝大多数繁体字那样一简了之，而是继续保留其身影，义为善、好，人们称吉日、良辰为穀日，称晴朗美好的日子为穀旦。还指俸禄和姓。所以，遇到姓gǔ的朋友，你一定要搞清楚是姓谷还是姓穀，要不然会五"谷"不分的。穀梁（不是高粱的粱），复姓。穀梁不得写作谷梁或者谷粱。

请大家注意，"谷"与"穀"都是姓，但不是一个血缘，望务必小心。

另外，"穀"与"榖"存在一小撇之差。前者左下为禾，后者左下为木。榖本义是一种落叶乔木，又叫构树或楮（chǔ）。

后（後）

后，会意字。甲骨文 从手从口，会用手遮着嘴喊之意，与"司"同源。发号施令，领袖者也。在母系社会，酋长是一族之始祖母，于是就有了母后。

後，会意字。甲骨文 从彳（街道）右上从绳索，右下从夂（脚），会脚上被绳索所绑行动不便之意。行动不便，自然就会落后。

汉字简化时，将"後"与同音"后"合并了。

所以，在表示君主或帝王的妻，如皇后、王后、太后、后妃时，"后"没有对应繁体字。

在时间、方位等顺序靠后意义时，"后"有繁体字"後"。

借（藉）

借，形声字。小篆从人从昔（表声）。本义为借入，即暂时使用别人的东西或财物，一定时间后归还。

藉，会意兼形声字。小篆从艸从耤（借助，兼表声）。本义为放置祭祀礼品的草垫子。祭祀，是告慰先人，引申指安慰，如慰藉。草垫子中的草相对来讲是乱的，故引申出狼藉不堪等。

在《简化字总表》注释中对"藉"简化为"借"专门作了说明：藉口、凭藉的藉简化作借，慰藉、狼藉等的藉仍用藉。慰藉是安慰的意思，狼藉（藉同籍，均读jí）是杂乱的意思，蕴藉是含蓄不露的意思，枕藉是很多人交错地倒或躺在一起的意思。这几个词都得写作"藉"。

"藉"有两个读音，读jiè作"垫子"义时不能简化为

"借"；读jí作"践踏，侮辱"义，不简化为"借"，如"杯盘狼藉、狼藉一片"。

在"借东西"义项上，"借"字没有繁体字。

里（裏）

里，会意字。金文 里 从田从土，会人们聚居之地之意，即乡里。古代五家为邻，五邻为里。再后来，城市中的街坊、巷弄也称里。如上海市现在还有许多以"里"命名的地名，如平安里、正红里等。古时，人们以"里"指"故乡"。后来，人们再在"里"前加一个"故"字，便出现了"故里"一词。

裏，会意兼形声字。金文 裏 外从衣内从里（义为内，兼表声），本义指内衣，引申出里外等义。后来，"裏"虚化成一个方位词，与"外"相对，表示"内部"。注意：裏与襄的异同。

在表示众人聚居的地方、古代户籍管理的基层组织、我国市制长度单位、姓氏时，"里"没有繁体字。相关词语有"邻里、乡里、故里、里巷、里弄、公里、里程、里程碑"等。居里夫人的"里"也没有繁体字。

指衣服、被褥等东西不露在外面的那一层、纺织品的反面，里边以及用作方位词，"里"有对应繁体字"裏"（"裡"是异体字）。相关词语有"里层、里面、里屋、里间、里院、里带（内胎）、里弦、里脊、里手、这里、那里、哪里、内里、屋里、心里、不明就里、有里有面、里三层外三层、吃着碗里看着锅里"等。

某年，笔者偶然路过孟子故里，只见牌坊上刻着"孟子故裹九曲十八趟"（见下图），顿时感到孟母大概要"四迁"了。同样，《水浒故裹》一书的书名也让人汗颜。

面（麵）

面，象形字。甲骨文  好似人脸面形。本义为脸。

"脸"初指两颊上方搽胭脂的地方，后指整个面部。如今"面"一般不单用（如脸面、面貌），常出现在书面语言中，"脸"用于口语多一些。

麵，典型的形声字。

汉字简化时，麵卸掉左半边成为"面"。

除了"粉状"和"像粉状一样"义项时有对应繁体字"麵"（"麪"是被淘汰的异体字），其他意义的"面"没有繁体字（如写了繁体字，那就没有脸面了）。

松（鬆）

松，会意兼形声字。小篆从木从公（公侯伯子男的缩略，兼表声）。本义指松树，为树中之冠。

鬆，形声字，从髟（头发）从松（表声）。本义指头发散乱。

汉字简化时，将"鬆"合并到"松"。本来是为了大众书写方便，但是带来一个问题，那就是在电影等艺术需要用到繁体字时，往往将"松树"误为"鬆树"。注意，肉松的"松"繁体字是"鬆"。

征（徵）

征，会意兼形声字。甲骨文 从彳（道路）从正（一只脚对着城市前行，兼表声），会向某地进发之意。金文 。小篆 。本义有目标的远行。

徵，本义为征召，后引申出寻求，如征文、征集、征求、征订等，再引申出征候、征兆、特征、象征等义。

作为军队行军打仗义项时，"征"没有繁体字，如征途、长征、征讨、征程、征尘、征服、出征、南征北战。

作征集、征收、征求解时，其对应繁体字是"徵"，如征兵、征募、征召、征税、征文、征集、征地、征用、征调、征象、征兆、征候、象征。

徵，不属于完全简化，在古代音乐记谱中，"徵"是五音（宫、商、角、徵、羽）之一，相当于简谱"5"，此时"徵"没有对应简化字，读作zhǐ。

另外，徵用于古代人名时，《辞海》（第七版）中不简化，如魏徵、文徵明。还要注意，"徵"有异体字"徴"。

钟（鐘、鍾）

鐘，从金从童，本义为一种打击乐器，后引申指计时工具，如闹钟。

鍾，从金从重，本义为盛酒的器皿。引申出积聚，再引申指情感集中专注，如情有独钟、钟爱、钟情。

汉字简化时，将"鐘""鍾"合二为一简化为"钟"。

这里要特别提到钱锺书先生。其名字暗含钟爱读书之义。

汉字简化后，对钱老名字如何安排有争议。1999年版《辞海》采用"钱钟（鍾）书"这种特殊方式，让人忍俊不禁。2009年版《辞海》改为"钱锺书"。

2013年，《通用规范汉字表》将"锺"作为规范汉字，用于姓氏。至于"钟"姓读者是否改为"锺"，悉听尊便。从此往后，"钱锺书"就名正言顺了。

另外，南京"钟山"（紫金山）的繁体字写法是"鍾山"不是"鐘山"。

苹（蘋）和薠（蘋）

蘋，多音字。形声字。楷书蘋从艸（艹）从頻（表声）。今简化为薠。本义指苹果。

读pín时，指蕨类植物，生在浅水中，茎横生在泥中，质柔软，有分枝，叶柄长，四片小叶生在叶柄顶端，像"田"字，也叫田字草。

读píng时，专指苹果。

"风起于青薠之末"出于宋玉的《风赋》，它描绘的是风的生成源于细微之处。

青薠，在实际使用中至少可以见到四种不同的写法：青苹、青萍、青蘋、青蘋。

写作"青苹"是因为"蘋"在读píng时简化为苹。然而"青苹"会让人马上想到"青涩的苹果"。"风起于青苹之末"显然说不通。

萍者，浮萍也。卵形的叶子平铺在水面上，叶下有较长的须根，故名浮萍。比如四处流浪的人被形容为"萍踪不定"，不相识的人偶然碰到一起称之"萍水相逢"。青萍，与风起无缘。

青蘋是一种生于浅水中的蕨类草本植物，其叶面立于水面之上，风可以从叶下穿过。"风起于青蘋之末"，这是精细观察、生动描绘的结论。由于一般电脑字库里只有"蘋"而没有"蘋"，于是"青蘋"时不时在媒体上浮出水面。

　　为何"蘋"读pín时采用类推简化为"蘋"，而读píng时简化为"苹"？原来，蘋（田字草）的孢子囊外有硬孢子果，读作"pín果"，与苹果读音相近，但代表的事物一个长在水里，一个挂在树上。现在这种处理，实属无奈之举。

哪些异体字转正了

异体字的由来，请参见笔者2024年6月出版的《了不起的汉字》中《谈谈异体字那些事》。本篇着重讲异体字恢复为正体字（规范字）的那些字。

1955年，《第一批异体字整理表》颁布，表中根据从简从俗的原则规定了810个正体字，淘汰了1055个异体字。淘汰就是一般情况下不能再用，如敆是考的异体字，那么在写到"考"时坚决不能写作"敆"，否则准"考"烆。

由于时间紧，异体字繁杂，《第一批异体字整理表》存在不尽如人意的地方。时至今日作了一些调整，举例如下：

1956年3月，文化部、文字改革委员会发出《修正〈第一批异体字整理表〉内"阪、挫"二字的通知》，恢复了"阪""挫"二字。

1986年10月，重新发表的《简化字总表》共恢复11字：䜣（xīn）、讌（yàn）、晔（yè）、詟（zhé）、诃（hē）、鳅（qiū）、绸（chóu）、刬（chǎn、chàn）、鲙（kuài）、诓（kuāng）、雠（chóu）。

1988年3月，国家语言文字工作委员会确认"剷、邱、於、澹、骼、彷、菰（gū）、溷（hùn）、徼、薰、黏、桉、愣、晖、凋"15个字为规范字，收入《现代汉语通用字表》，不再作为淘汰的异体字。

2013年6月，《通用规范汉字表》颁布，对以下异体字作了调整：

一是对以往调整的29个异体字进行复查和处理。将"挫、愣、邱、彷、诃、诓、桉、凋、菰、溷、骼、徼、澹、薰、黏、刬、於、晔、晖、詟、鲙、镕、剷"23个字确认为规范字；将"阪、䜣、雠"3个字在特定意义上（限定使用范围）恢复为规范字；将"讌、绸、鳅"3个字确认为"宴、绸、鳅"的异体字。

二是将"皙、瞋、噘、蹚、溧（lì）、剻"6个字确定为规范字。

三是将迺（nǎi）、桠、耑（duān）、钜、昇、陞、甯（nìng）、飏、袷（qiā）、麹（qū）、仝、甦（sū）、邨（cūn）、

氾（fán）、堃、犇等39个字在特定意义上（限定使用范围）调整为规范字。

下面对几个常用异体字转为正体字的情况加以说明。

奔·犇

"犇、逩"为"奔"的异体字。调整后，"犇"为规范字，可用于姓氏人名；"逩"是"奔"（读 bèn）时的异体字。

嗔·瞋

"瞋"为"嗔"的异体字。这两个字均属于旧字形，后分别改为"瞋"与"嗔"。调整后，"瞋"作为规范字，专指人发怒时睁大眼睛，如"瞋目而视"。人在生气、发怒、责怪时，往往通过"口"表现出来，故作"嗔"，如"嗔怒、嗔怪、嗔怨"。

巨·钜

"钜"为"巨"的异体字。调整后，将"钜"的类推简化字"钜"视为规范字，可用于姓氏、人名、地名。现实生活中，尤其是年终或十一黄金周等时间节点，许多商家都会打出"某某钜惠"的广告语，想必是"钜"带有"金"，因而，笔者认为《通用规范汉字表》对"钜"的使用范围仅限于姓氏、人名、地名不可取，应该根据大众意愿适当扩大使用范围为好。

巨鹿之战是秦末起义中，项羽率领楚军同秦军主力在巨鹿（今河北平乡）进行的一场重大决战性战役，也是中国历史上以少胜多的战役之一。经此一战，秦朝主力尽丧，名存实亡。破釜沉舟、背水一战等成语源于此役。

全国县以上地名中带"巨"的有：河北省巨鹿县、山东省巨野县。

撅·噘

"噘"为"撅"的异体字。调整后，"噘"为规范字，专指嘴唇翘起，如"噘嘴"，又如俗话说"某某嘴噘得老高能挂油瓶"，从此"撅嘴"就闭嘴了。

撅，口语中指当面使人难堪，顶撞，如撅人，"老张撅了儿子一顿"。这里是"撅"，千万不能想当然认为，骂人要动嘴，错写成"噘人"或"老张噘了儿子一顿"。

粘·黏

"黏"为"粘"的异体字。调整后，"黏"为规范字。黏读nián时，是指像糨糊或胶水等所具有的、能使一个物体附着在另一物体上的性质，如"黏液、黏米、黏土"等。《现汉》第6版之前，注明"粘"在读nián时义同"黏"；从第6版开始，则注明旧同"黏"，也就是说，两者义项是不相通的。

升·昇·陞

"陞、昇"为"升"的异体字。调整后，"昇""陞"为规范字，可用于姓氏人名，如毕昇。

搜·蒐

"蒐"为"搜"的异体字。调整后,"蒐"为规范字,用于表示草名和春天打猎;其他义项上"蒐"仍是"搜"的异体字。

趟·蹚

"跹、蹚、蹚"原为"趟"的异体字。调整后,"跹"不知所终,"蹚"为规范字,用于"蹚水"(从浅水里走过去)、"蹚地"(用犁把土翻开,除去杂草并给苗培土)、"蹚浑水"(比喻跟着别人干坏事,还比喻参与他人的活动而惹上麻烦)。"趟"在读tāng时,义为旧同"蹚"。同时,将"蹚"调整为"蹚"的异体字,不再作为"趟"的异体字。趟(tàng),主要用于量词,如用于往返、来去的次数。也用于武术的套路,如"打了一趟组合拳"。它还用于方言,指成行的东西,如"半趟街";也指行进的行列,如"跟不上趟"。

晰·晳

"晳、皙"为"晰"的异体字。调整后，"皙"（下为白）为规范字，专指人的皮肤白，如"白皙"；"晳"（下为日）仍是"晰"的异体字。

修·脩

"脩"为"修"的异体字。调整后，"脩"为规范字，用于表示干肉，如"束脩"；其他意义仍是"修"的异体字。

戮·勠

"剹、勠"为"戮"的异体字。调整后，"勠"为规范字，专指合力、齐力，如"勠力同心"；"剹"仍是"戮"的异体字。

别上想当然的当

想当然，正面来讲，那就是联想丰富，由此及彼，举一反三，这个需要肯定并加以发扬光大。汉语词汇中的俩字很多都是同一个部首：如牺牲、说话、湮没、鹭鸶、葡萄、精粹……但也有很多词汇中每个字的部首都不同，若不注意就会把"锻炼"写成"煅炼"，把"编辑"写成"编缉"，把"宣泄"写成"渲泄"，把"寥廓"写成"廖廓"……

想当然容易产生错误结论，错误类型分为主观有意和无意。比如我们常说的北京时间来自哪里？北京时间，中国通用的标准时间，即以东经120°子午线为标准的标准时。实际上不是北京的地方时，而是北京所在的东八时区的区时。

人们根据自身经验，加以推理或者猜想，从而造成别字现象。下面，笔者挑选了一些常用例子加以说明，说不定惊出你一身冷汗。

【唉声叹气】（√）【哀声叹气】（×）

唉声叹气，因伤感、烦闷或痛苦而发出叹息的声音。

唉、哀、哎相比，哀的悲痛程度大于唉、哎，"叹气"与"唉声"配合比较熨帖，相反"哀声"要么放声，要么抽泣，是叹不出气来的。哎，本义与叹气毫不搭界。

容易错误写作：哀声叹气、哎声叹气。

【安装】（√）【按装】（×）

安装，指按照一定的方法、规格把机械或器材（多指成套的）固定在一定的地方。

"按"也可用作动词，但和"安"意义不同。例如"帮我按一下电灯（口语中常省去'开关'二字）"，是指帮我打开或熄灭电灯，如果"按"改为"安"，则成了帮我安装电灯了。按兵不动、按强扶弱中的"按"，义为停止、压迫，也是从按"以手抑之"本义引申出来的。

我们不能想当然认为"安装"需要手的操作，便写成

"按装"。自然"安装队"也不能写成"按装队"。

【班师】(√)【搬师】(×)

"班"即"还",词语的意思是:调回出征的军队或出征的军队胜利回去。现还可喻完成任务后全部回去。

搬,指移动物体的位置,如搬砖、搬运。师,指军队。"搬师",汉语中没有这个说法,搬不动啊。

【金碧辉煌】(√)【金璧辉煌】(×)

金碧是指金黄和碧绿的国画颜料。而"金璧"指黄金和璧玉。

金碧辉煌,金碧指颜色,辉煌指光辉灿烂,整个成语形容建筑物装饰华丽,光彩夺目。这个成语比较特殊,金碧是名词,辉煌是形容词,这种组合搭配非常少见奇特,自然效果非凡。"金璧辉煌",从字面上看就是用黄金、玉石打造的屋子，历史上不常用，故不要用。"金壁辉煌"更讲不通。

【一筹莫展】（√）【一愁莫展】（×）

"一筹莫展"中的"筹"是计策，即一条计策也想不出来。"一愁莫展"的确会让人发愁，但此"愁"是结果，彼"筹"才是原因，不能筹、愁不分。

范，原指制作器物的模子，如钱范，即铸钱的模子。引申指规范、法度等意思。"范畴"本自《尚书·洪范》："天乃锡禹洪范九畴。"洪，大、根本。这句话的意思是：上天赐给大禹治理天下的根本大法有九种类型。后来从中提炼出"范畴"一词，表示某事所属的"类型"，再引申指领域、范围，各个学科的基本范畴是人的思维对客观事物本质的概括反映。"筹"没有范围的意思，"范筹"进入不了规范名词范围内。

【甘拜下风】（√）【甘败下风】（×）

甘拜下风，指佩服别人，自认不如别人。

自愿迎风站在不利地位、劣势地位，向对方行礼参拜，表示心悦诚服的认输。这里的"拜"是一种礼节，通过"拜"表明自己的态度。因为这一成语常用于失败者、技不如人者，在这一意义的暗示下，有人把"拜"误写成了同音的"败"。

【打钩】（√）【打勾】（×）

钩，小篆从金从句（弯曲，兼表声），会弯曲的金属钩子之意。依照句变勾，鉤俗变为钩，今简化为钩。钩字义项很多，其中有一项为钩形符号，形状是√。打钩千万不可写作打勾，真写作打勾那就"一笔勾（不得写作钩）销"了。

凡是名词，大都用钩，这和钩字本义有关。悬物的吊钩、称物的秤钩、钓竿的钓钩、衣服的带钩，自不必说；十八般武器中的gōu也应用钩——"男儿何不带吴钩，收取关山五十州"。汉字中的笔画，无论是横钩、竖钩、弯钩、斜钩，既然是名词，用钩没商量。即便本身不是钩，而是以名词钩作语素构词，同样应该用钩，因为这些词都和钩的形状有关，如钩虫、钩针。量词钩是由名词钩演绎而来的，当然也用钩无疑，如一钩新月。

动词复杂一些，但还是可以区分的。凡以钩具实施的动作，一律用钩。因为动词钩所表示的动作，都是由名词钩来完成的。比如用挂钩来钩挂车厢，用铁钩来钩取烤鸭，用钩针来钩织毛衫。只要表达的是钩而取之的意思，也应该首先考虑用钩，常见的有钩沉、钩玄之类。钩显得比勾文化底蕴深沉，常用于书面语。勾，由于人们受勾勾搭搭等影响，带勾的词、成语一般贬义甚浓。

【剐蹭】（√）【刮蹭】（×）

"剐"和"杀"都是杀死生命的举措，只是残酷程度有别而已。"刮"并不危害生命，和"剐""杀"一类词的区别很大。"舍得一身剐，敢把皇帝拉下马"，说的是"剐"而非"刮"。

这里要特别强调一下"剐蹭"。按《现汉》解释为：物体表面被硬物划破或擦伤（多用于汽车）。由此看出，汽车与汽车之间、汽车与其他物体之间发生摩擦，都用剐蹭，但现在许多媒体用"刮蹭"，《现汉》没有"刮蹭"的位置。

笔者建议统一用"剐蹭"为好。

【收官】（√）【收关】（×）

收官，围棋术语，又称作官子，是围棋比赛中三个阶段（布局、中盘、官子）中的最后一个阶段，引申指工作（某项赛事）接近结束、收尾，如"今天这轮比赛是中超收官之战"。

收关，可能是人们想当然地认为，关由关门引申出结束的意思，于是乎就有了"收关"之作。"收关"其实应写作"收官"。

【食不果腹】（√）【食不裹腹】（×）

果，甲骨文 🌿 好似树上结的果实形。金文 🍎。小篆 🍎。隶定后楷书写作果。本义指树木所结的果实。大凡果实，皆饱满、充足，所以，庄子便用"果"来形容人酒足饭饱、大腹隆起的样子，使"果"多了一个引申义。"腹犹果然"，腹部像树木的果实一样饱足、圆滚滚的（大快朵颐，指的是腮帮子吃得像花朵般奔拉下来）。而"食不果腹"自然就是吃不饱，它常和"衣不蔽体"连用，描写一种饥寒交迫的贫苦生活。

裹，小篆  从衣从果（果实，兼表声）。隶定后楷书写作裹。本义为缠绕、包扎，如"包裹"之"裹"。也用于夹杂的意思，如"裹胁""裹挟"之"裹"。

"衣不裹腹"倒是可以说的，"食不裹腹"则不知所云矣。

【藕合】(√)【藕盒】(×)

藕合是一种油炸食品。将藕去皮切片（煮七八成熟），每两片不完全切开而成一藕夹，中间填充葱姜肉馅，两片藕合在一起而称藕合。而后挂一些面粉糊，过油之后即成。

有的读者误以为，藕合近似于圆形盒子，于是想当然写成"藕盒""炸藕盒"。《现汉》未给食品"藕合"留下位置，但给非食品"藕合"排上了座位，在"藕合"注释上写作：同"藕荷"。藕荷指浅紫而微红的颜色。

藕合与耦合的区别。耦合，物理学上指两个或两个以上的体系或两种运动形式间通过相互作用而彼此影响以至联合起来的现象。

【掎角之势】（√）【犄角之势】（×）

掎，读jǐ，义指牵住，拖住；还指牵引，拉。

犄，读jī，义指物体两个边沿相接的地方，棱角；还指角落，如屋子犄角。犄角旮旯，方言，意思是指边边角角，角角落落，不起眼的地方。

掎角之势，指作战时分兵牵制或合兵夹击的形势。

人们容易根据合兵夹击与牛的犄角联想到了一起，于是错把掎角之势写作"犄角之势"。

【寂寂无名】（√）【籍籍无名】（×）

《辞源》中"籍籍"下设三个义项：其一为纷扰，其二为纵横交错貌，其三项云："名声甚盛貌。"可见"籍籍"不但有名，而且是很有名！

《辞海》第七版摘取相关词条主要解释。"籍籍"：亦作"藉藉"。纷乱貌。常形容众口喧腾或声名甚盛。"藉藉"：杂乱众多。"寂寂"：冷静；落寞。

古书只有"无藉藉名"一词，解作"没有大名"。看来，"籍籍无名"无据，"藉藉无名"也不对，或者当为"无藉藉名"。

寂寂无名，指名气不大，不为众人所知。藉藉无名，查无出处。籍籍无名，在逻辑上是说不通的。但也有专家说：籍，本义为名册、登记册。"籍籍无名"可理解为每一本名册上都没有名字，形容名声不显。现在很多媒体用"籍籍无名"，笔者建议暂时还是不要采用"籍籍无名"。

【攻坚】（√）【攻艰】（×）

我们打好脱贫攻坚战，常被错写成攻艰战，原因大致有以下三点：一是两字音近；二是受"艰苦"的影响；再则可能是把"攻克艰难"缩写成"攻艰"。《现汉》没给"攻艰""攻艰战"留有位置。

"共赴时坚"的"坚"，应是"艰"。时艰，即当前的困难、艰难的时局。

【筋道】（√）【劲道】（×）

筋道，方言，指食物有韧性，耐咀嚼，如抻面吃到嘴里挺筋道；再指身体结实（多指老人），如老人的身子骨儿倒很筋道。

生活中，我们常见饭店食谱上将"筋道"写成"劲道""精道"等，估计是想当然或联想失误造成的。

【大桥合龙】（√）【大桥合拢】（×）

合龙，专业术语。修筑堤坝、围堰或桥梁，通常从两端开始施工，在中间对接。自古以来，中间的对接口都称"龙口"（烟台有龙口市）或"龙门"，所以最后在龙口对接称"合龙"或"合龙门"。

合拢，就是指合到一起，闭合。如把翻开的书合拢起来。

"合龙"强调做到两端工程在龙口处衔接得天衣无缝，整个工程像一条龙一样浑然一体。

"合拢"指两个或多个个体靠近、闭合。"合拢"后的个体一般还是各自独立的，如书本合拢后，一张张书页还是各自独立的。

"合龙"指再也不能打开（除非拆毁），"合拢"可根据需要再次拆分，继而合拢。

理解了这些，"合龙"与"合拢"就不会错位了。

【抿一口】（√）【呡一口】（×）

　　呡，古同"抿"，小尝，略微喝一点。现在，《通用规范汉字表》和《现汉》未收"呡"，所以"抿一口"不要写作"呡一口"了。

【捅娄子】（√）【捅篓子】（×）

　　娄（lóu）子指乱子，"捅娄子"的字面意思是弄出漏洞来了，指闯祸。"漏子"指毛病、事故。"漏"的意思和"空"有关联，所以"捅娄子"也可以写作"捅漏子"，还有"出漏子"一词。

　　如果把"捅娄子"写作"捅篓（lǒu）子"，意思就讲不通了，可能是想当然地认为捅破了"篓子"底，自然就惹出事端来。

　　娄（lóu）与篓，字形相近，意思差得远，还得小心对待。

【蛛丝马迹】（√）【蛛丝蚂迹】（×）

　　蛛丝，蜘蛛结网的细丝；马迹，马蹄踩过留下的蹄痕。

比喻隐约可寻的线索和依稀可辨的痕迹。"马迹"还有一讲，指灶马爬过的印迹。"灶马"是一种在厨房中活动、体形较蟋蟀为大的昆虫。但无论是指马还是灶马，"马迹"均不能写作"蚂迹"。有人误以为"蚂"指蚂蚁，认为蚂蚁行走过程中留下的足迹微乎其微。另外，"蚂蚁"一般简称为"蚁"，而未见有称之为"蚂"的。

【戗面】（√）【呛面】（×）

戗，《说文》无。楷书戧从戈从倉（表声）。今简化为戗。本义为用戈刺伤。

读qiāng时，义为逆或指方向相反，比如"戗风"就是"顶风"。由方向相对，还引申出言语冲突的意思，口语中"戗茬"意思是意见不一致，语言对立。"他两个一见面就戗戗起来了"就是源于此。

读qiàng时，一指斜对着墙角的屋架，还指支撑柱子或墙壁使免于倾倒的木头。也指支撑，如用两根木头来戗住这

堵墙。

呛，主要用于人体呼吸器官受到外界的影响；戗，则是人对外界的作用。

"戗面"是指揉面时加入干面粉。还指揉进了干面粉的发面，如戗面馒头。

呛面，给人感觉是撒干面粉时，被呛着了。呛面馒头，吃不得，当然这世上也没有。

【青睐】(√)【亲睐】(×)

"青睐"的"青"是指黑色。"青睐"是指用黑眼珠看人，传达一种喜悦或器重的情感态度。这里的"睐"是动词。《现汉》第4版释"青睐"为"青眼"，可能和阮籍的"青白眼"有关，但确实说得不够清楚，且容易引起误解。《现汉》第5版释"青睐"：〈书〉动 比喻喜爱或重视：深受读者～。《现汉》第6版释"青睐"：〈书〉动 用正眼相看，指喜爱或重视（青：指黑眼珠；睐：看）：深受读者～。《现汉》第7版沿用第6版。

生活中，有些人不了解"青睐"，想当然地写错成"亲睐"。

【天然气】（√）【天燃气】（×）

然是燃的本字，故两字之间有些难舍难分。尤其表现在"天然气"上。

天然气是埋藏在地下的古代生物有机物质，经高温高压以及生物化学等作用分解而形成，其主要成分是甲烷，以及少量乙烷、丙烷、丁烷，一般还含有硫化氢、二氧化碳、氮和水汽等，主要用作民用生活燃料和化工原料等。天然气是天然生成的，跟"人工""人造"相区别，所以叫"天然气"。当前民用燃气有两种："天然气"是从油田、煤田开采出来的，主要成分是甲烷；"人工煤气"是由煤炭等经干馏等过程制得的，主要成分是氢、甲烷、乙烯、一氧化碳等。

"天然气"误为"天燃气"，大概是与"燃气"混淆或是想当然的结果。

【一摊血】（√）【一滩血】（×）

摊与滩，都从"难"表声，两字字义相差很远，区分起

"滩"应该与江河湖海这些地方相关吧？

来并不难，难就难在"一tān血""一tān稀泥"上。

一般人想当然认为血、稀泥都与液体有关，往往写作"一滩血""一滩稀泥"，其实这是不对的。

"摊"在作量词时，常用于摊开的糊状物，所以正确的写法是"一摊血""一摊稀泥"。你做对了吗？没做对，那就"摊"上事了。

【行伍】（√）【行武】（×）

伍指我国古代兵制，五人为伍，又五伍为行（háng），因此行伍即指军队。所以有行伍出身（指军人出身）、行伍习气等说法。再引申指同列、同伴、同伙，如"想与为伍""羞与为伍"。伍也作古代民户编制单位，五家编为一伍，如"伍籍"即平民的户籍。另用作"五"的大写。

将"行伍"写作"行武"，除"伍""武"音同以外，恐也因"武"在军事用词中出现颇多，而想当然地以"武"代"伍"了，结果站错了队伍。

【拉呱儿】（√）【啦呱儿】（×）

拉呱儿，方言，就是闲聊。

闲聊就是说话，说话需要动嘴，于是乎就把"拉呱儿"错写成"啦呱儿"了。这里的"拉"只要动"手"，不要动"嘴"哦。

【宣泄】（√）【渲泄】（×）

"宣泄"是由两个同义语素构成的合成词，意思是让蓄积于内的东西发散于外，以达到精神调节的目的。

"渲"字一般不单用，组成的词也仅限"渲染"。"渲"和"泄"的字义缺少某种内在联系，因而不可能构成"渲泄"一词。出现"渲泄"可能是联想错误的结果，以为"泄"带三点水，该用"渲"与其搭配。

【寒暄】（√）【寒喧】（×）

寒暄指一种礼貌行为，即见面时嘘寒问暖的意思。暄指温暖。寒暄是一正一反两个语素联合构成的词，和"动静""好歹""出入""咸淡"的构词方式一样。

"寒冷"的寒和"喧闹"的喧，无法搭配。

【帽檐】（√）【帽沿】（×）

檐由本义引申出某些器物上形状像房檐的部分，如帽檐。

檐是屋顶向外伸出的边沿部分，但"檐"与"沿"却分工不同。沿有边的意思，多用在名词后，如边沿、沟沿、炕沿儿、缸沿儿、前沿。檐通常有向上翘起的特性，凡是边沿向上翘起的可称作"××檐"，平伸或向下称作"×沿"。

【赃款】（√）【脏款】（×）

赃，会意兼形声字。《说文》无。楷书赃从贝从藏（藏纳，兼表声），今简化为赃。异体作賍（今为赃的异体字）。本义指盗窃的财物，引申指一切非理所得的"财贿"。"赃款"即通过非法手段牟取的钱财。

脏，多音字。会意兼形声字。《说文》无。楷书臟从肉（月）从藏（隐藏，兼表声）。今简化为脏。脏又用作髒的简化字。本义为内脏。

读zāng时，指有尘土、污渍、污垢等，繁体写作髒。

读zàng时，指内脏，繁体写作臟。

虽然"赃款"来历不正，属于肮脏行为所得，但从来没有"脏款"一说。

【坐镇】(√)【坐阵】(×)

坐镇，本指军事长官在某地亲自守卫，后泛指领导者或主事者亲临现场指挥或压阵。如"总工程师坐镇施工现场""董事长坐镇训练营地"。

"坐阵"字面意思是坐于阵地之中，除了坐以待毙还能干什么呢？词林中无"坐阵"一词。

【综合征】(√)【综合症】(×)

症，更多的是用于疾病的名称；征，既包括自诉的症状，也包括医学检测发现的体征。当身体出现异常表现，一时难以判断是哪个系统产生的疾病时，仅仅从"征"的角度加以描述概括，称之为"综合征"，符合科学的态度。

征读 zhēng，意思是征象、表征等；症读 zhèng 时，意思是疾病、病症。在表示一种具体的疾病时，用"症"，如炎症、神经官能症等。这些"症"不能写成"征"。而要表示某些疾病的征象、症状时，应当用"征"而不用"症"。医学专家说，凡病名都作"症"；不是具体病名而属于疾病表现出的征象的，则用"征"。

《现汉》对"综合征"的解释是：因某些有病的器官相互关联的变化而同时出现的一系列症状。也叫症候群。

节后综合征，假期之后出现的（特别是春节黄金周和国庆黄金周）的各种生理或心理的表现。如在节后的两三天里感觉厌倦，提不起精神，甚至有不明原因的恶心、眩晕、焦虑等。"节后综合征"的"征"字当然不宜写作病字头的"症"。

【支吾】(√)【吱唔】(×)

支吾，义指说话含混躲闪，或指用含混的话搪塞，如支吾其词。不能想当然认为"支吾"是"口"的行为，于是就错写成"吱唔"。

下面几组带声音的词值得"倾听"。

吱，zī，多形容小动物的叫声：老鼠吱吱地叫。

吱，zhī，形容某些尖细的声音：嘎吱、咯吱、车吱的一声停住了。

嘎吱：形容物件受压力而发出的声音（多叠用），如他挑着行李，扁担压得嘎吱嘎吱地响。

咯吱：形容竹、木等器物受挤压发出的声音（多叠用），如扁担压得咯吱咯吱地直响。

叮咚：形容玉石、金属等撞击或水滴落下的声音，如玉佩叮咚、泉水叮咚。

叮当：形容金属、瓷器、玉饰等撞击的声音，如环佩叮当、铁马叮当、碟子碗碰得叮叮当当的。

丁零当啷：形容金属、瓷器等连续撞击声。

扑哧：形容笑声或水、气挤出的声音，如扑哧一笑、扑哧一声皮球撒了气。

扑腾：形容重物落地的声音，如小红扑腾一声，从椅子上跳下来。

扑棱：形容翅膀抖动的声音，如扑棱一声，飞起一只小鸟。

扑通：形容重物落地或落水的声音，如扑通一声，青蛙跳进水里。

【不知所终】（√）【不知所踪】（×）

汉语的"所字结构"要求"所"后跟动词，如所思、所想、所见、所闻。"终"有终了、结束的意思，"不知所终"是说不知道最后的下落或结局。类似的四字结构有不知所措、不知所云、不知所言、不知所出、不知所为等，"措""云""言""出""为"均为动词，而"所措""所云""所言""所出""所为"则是名词性的。

"不知所踪"有误，是因为它违背了汉语的结构规律。"踪"指"踪迹、足迹"，是名词，不能用在"不知所～"的结构中。

"不知所踪"与"不知所终"音近，外加受"无影无踪"干扰，因此欺骗了很多人。但愿这一误用早日了绝踪迹。

"孪生"汉字分辨起来难难难

汉字家族中，模样长得差不多的汉字比比皆是（如畲与畚，己与已、巳）。这些孪生汉字对我们认识、理解、运用汉字常常会带来意想不到的难点，甚至痛点。

本篇将常用的孪生汉字分组进行辨析，为大家学习提供参考。

暧·暖

暧（ài），本义指昏暗不明的样子。暧昧，本指光线昏暗、模糊不清，引申指态度、用意等含糊，不明朗；还指行为不光明正大，不可告人，如关系暧昧。

暖，本义是温暖，也可作动词，指使温暖，如暖心话、为爷爷暖酒等。

"暧暧"即迷蒙隐约的样子。"暧暧远人村，依依墟里烟"，描绘的是远观山村的朦胧美。

暖暖与暧暧，"温差"还是比较大的，稍加注意即可区别。

谙·暗·喑·愔

谙（ān），本义为熟悉，知晓。常用词有：谙达、谙练、谙熟、不谙世情、不谙水性。

暗，本义光线不明，与明相对。

喑（yīn），本义为小儿泣不止，引申指出哑，如喑哑。清代龚自珍撰写《己亥杂诗》："九州生气恃风雷，万马齐喑究可哀。我劝天公重抖擞，不拘一格降人才。"

愔（yīn），本义指安详和悦的样子。愔愔，形容安静无声的状态。

谙、暗、喑、愔，从形旁可以轻松区别开来，但读音差别较大，一定要发准音啊！

失音，指由喉部肌肉或声带发生病变引起的发音障碍。患者说话时声调变低，声音趋弱，严重时甚至发不出声音，亦称"失声"。传统中医称"暴喑"。但不写作"失喑"。

昂·昴

昂，本义为抬起头来。由仰起头（昂首阔步），引申指高等义，后特指价钱升高、高涨，如东西昂贵。最终指振奋的样子，如气宇轩昂、斗志昂扬、激昂慷慨等。

昴（mǎo），本义为星名，二十八宿（xiù）之一。

昴，又称为留（昴字下部与留字上部相似），留有簇拥、团聚之意。例如：果实子多而聚为榴。昴宿正是由一团小星组成的，目力好的人能分辨出七颗来，又被称为七姐妹星团。古人还用昴宿来定四时，《尚书·尧典》"日短星昴，以正仲冬"，指的是如果日落时看到昴宿出现在中天，意味着冬至到了。

我们不难看出，昂与昴，一撇之差。前者在地上，后者在天上，共同拥有一个太阳。

螯·鳌

螯（áo），本义为螃蟹、虾等节肢动物的变形的第一对脚，像钳子，用来取食或自卫。

螫（shì），本义为蜂、蝎等有毒腺的虫子用毒刺蜇人。螫针是指蜜蜂等尾部的毒刺，尖端有倒钩。

螫与蜇，相似度极高，但前者粗后者细，前者合而夹之，后者单针刺扎，琢磨琢磨还是可以区分得开的。

鏖·鏊

鏖（áo），本义是一种温器，也指用慢火煮烂肉物。由熬煮引申指激烈地战斗、苦战。鏖战，即激烈的战斗。

鏊（ào），鏊子，是制作烙饼的一种器具。

从两个字的本义可以看出，前者为凹（盆或锅），后者为平板稍凸；前者为熬炖，后者为煎摊。如今，鏖主要用于引申义，而鏊仍然干着老本行。自然，用于战争那就由"鹿死谁手"想到鏖吧，用于饮食非鏊不可。

擘·臂·擎

擘，是掰的本字。本义为分开、剖裂。读 bāi 时，同

"掰"。读bò时，指大拇指。用于书面语言，如巨擘（比喻在某一方面居于首位的人物）。擘画，义为筹划，布置，也作擘划。

臂，本义为胳膊（从肩至腕的部分）。读·bei（轻声字，不标调号，前加圆点）时，指胳臂，即胳膊。读bì时，指臂膀。

擎，本义为往上托举，如高擎着红旗、擎天柱（支撑着天的柱子）。

巨臂，字面意思好像是巨大的胳膊，汉语中没有这个词。"巨臂"应为"巨擘"。

擘析，即分析。擘肌分理，剖析肌肉的纹理，比喻分析精密。

高臂，不讲，应是"高擎"的误写。

阪·坂

阪，本义为斜坡。"阪"很多时候同"坂"。大阪，日本地名。

坂，本义为斜坡，"如丸走坂"形容迅速。

由于阪同坂，所以历史上通用就不足为奇了。但用于地名中，我们还是得有板有眼，不可混用。

中国的"达坂城"和日本的"大阪"是不能混为一谈的。当然，达坂城也不可以写作达板城、大坂城。

拌·绊

拌，指搅和，如搅拌、拌匀、凉拌菜。由搅拌引申指争吵，如拌嘴。

绊，本义是御马的绳索。引申指走路时被东西挡住或缠住。后指用腿绊倒对方的一种招数，也比喻害人的手段。

拌蒜，方言，指走路时两脚相互磕碰，如他走起路来两脚直拌蒜。

绊有绊手绊脚的意思，所以"拌蒜"容易误写作"绊蒜"。

绊子指摔跤的一种招数，用一条腿别着对方的腿使其跌倒，也指系在牲畜腿上使不能快跑的短绳。

磅·镑

磅，本义为形容石头落地的声音。

读 bàng 时，义指英美制质量或重量单位（1 磅合 0.4536 千克）；磅秤；用磅秤称东西，如磅体重。读 páng 时，常见词有磅礴。

镑，本义为砍削。现主要用作英国、埃及等国的本位货币的音译。

磅读bàng时，与镑音同形似，所以易错用。我们知道，《百万英镑》是美国作家马克·吐温创作的中短篇小说，讲述了一个穷困潦倒的美国小伙在伦敦的一次奇遇。磅为质量或重量单位，镑为钱也，两者可是有一段距离。

薄·簿

薄，本义是草木密集的地方。

读báo时，义指扁平物上下两面间的距离小（跟厚相对）；感情冷淡；味道不浓；土地不肥沃；家产不厚实。

读bó时，义指轻微，如广种薄收；不强壮，如单薄；不厚道，不庄重，如轻薄；土地不肥沃；味道不浓；看不起，如菲薄；姓。还用作书面语言，义为迫近，如日薄西山。

读bò时，专指薄荷。

看看吧，小小"薄"字，音多义厚。

簿，本义指书写用的册子。从竹，是因为较早时没有纸，竹子剖开刮削烘制后便成为当时的"纸"。

"对簿"是受审的意思（因为受审的时候要根据状子逐条核对事实，所以受审就称为对簿）。"公堂"则是指官吏受理案件的地方。

常见差错有：将"意见簿、登记簿"错写成"意见薄、登记薄"。另外，薄、簿都可用于姓，对此，可千万不要整错了，要不然，本来是好朋友，那情分就"薄"了去了。

杯·抔

杯，本义就是盛汤食的小型器皿。现在除了酒杯、茶杯、奖杯，那就是各种体育比赛，如世界杯。还有就是金杯银杯不如老百姓的口碑，"杯"与"碑"巧妙转换，显现中国汉字魅力无穷。

抔，读póu，本义为用手捧取。

"一抔"就是一捧。"一抔黄土"与"一杯黄土"不是一个概念。

釆·采

釆，读biàn，象形字。甲骨文 好似兽爪形。古人在狩猎时，常常需要通过辨认（这也是采读音与辨相同的原因）兽爪印来确定兽的种类、兽龄以及数量等相关信息，从而确定捕猎的方法、方式等。由于采作了偏旁，辨别之义则借"辨"来表示。兽蹄之义另造"番""蹯"来表示。

采也是部首，部首内有：悉、釉、番、释。

采，本义在树上采摘果实。

采，上为撇，下为米；采，上为爫（爪，手）下为木，请务必细细辨认。

埔·浦

埔，本义为河边的沙洲。

读 bù 时，大埔，地名，在广东。大埔中"大"指其地广阔，"埔"指平旷的适宜种瓜果蔬菜等的土地。

读 pǔ 时，黄埔，地名，在广东。方言"埔头"，指码头。

浦，本义为水滨。现在主要义项：水边或河流入海的地方（多用于地名），如江苏省南京市浦口区、浙江省平湖市乍浦镇；姓。

埔指河边的沙洲，浦指水滨或大河与小河汇合处。二者都用于地名，但不能互换，尤其是上海黄浦江与广州的黄埔。

黄浦江是长江下游支流，旧称黄浦。浦在这里是指河流入海处。相传，黄浦因战国时楚春申君黄歇疏浚而得名，别称黄歇浦（简称歇浦）、春申江（简称申江）。黄浦区因黄浦江而得名。

黄埔位于广州市东部，因历史上成立过黄埔军校而闻名。黄埔军校，全称为"中国国民党陆军军官学校"，是国共第一次合作时期，孙中山在共产国际和中国共产党的帮助下创建的军事政治学校。因校址在广州黄埔长洲岛（又黄埔岛），所以称为"黄埔军校"。

茶·荼

茶与荼（tú）本为一字。如今茶、荼分工明确。茶，现专指茶树、茶叶等。

荼，本义为一种苦菜，引申指苦痛。又指茅草、芦苇一类的白花。如火如荼，指像火那样红，像荼那样白，形容军容之盛，现用来形容旺盛、热烈或激烈。

虽然茶从荼演变而来，但如今生活中两者很少往来。因此，"喝茶"不要写作"喝荼"，"如火如荼"也不能写作"如火如茶"。

婵·蝉

婵，本义为姿态美好。仅用作联绵词（指双音节的单纯词，如伶俐、逍遥、妯娌）。婵娟，书面用语，多形容女子姿态美好。指月亮，如千里共婵娟。

蝉，本义为蝉科动物的通称，俗名知了、知了猴。由蝉翼薄而透明，故用以借指古代的一种薄绸子，又指蝉冠。由蝉声连续不断，用作蝉联。

人们认为"貂"与"蝉"都是美好的事物，因此用来作美女的名字。貂蝉，都是由动物组成，记住这一点就错不了。"婵"可以形容女子姿态美好，但人名"貂蝉"是不能写成"貂婵"的。

笞·苔

笞，读chī，本义为用鞭、杖或竹板等抽打。

苔，参见175页"苔·薹"。

一是笞的读音，不要念tāi、tái。二是笞与苔，一个从竹一个从艹，相差甚远。下面是清代诗人袁枚的一首诗《苔》：

白日不到处，
青春恰自来。
苔花如米小，
也学牡丹开。

弛·驰

弛，本义是为了保持弓的弹性，在不用时应把弓弦解开。由此引申出缓、松、散、懈等义。

驰，本义使劲赶马快跑。由疾驶又引申出传播迅速、广远义，如"驰名天下""驰誉海外"。还可用来比喻一种情绪状态，这种情绪犹如车马疾驶奔赴目的地一样，表示出一种急切的向往，如"意动神驰"。

松弛是由两个同义词根构成的复合词，所以不能写作"松驰"。"松驰"既放松，又疾驶，是说不通的。

"弛"和"张"倒是相对的。"弛"是放松弓弦，"张"则是绷紧弓弦，故两字皆从弓。《礼记》中："一张一弛，文武之道也。"文、武，分别指周文王和周武王。这句话的原意是指治理国家要刚柔相济、恩威并施，现在则常用来比喻生活中的劳逸结合或文艺作品中的舒卷相间。

奔驰、松弛，只要认真看看"也"前面的形旁，就能分得清马乎、弓乎？

崇·祟

崇，本义是指山大而高，如崇山峻岭。引申指重视、尊敬，如"崇本抑末"即注重根本轻视枝末。推崇即崇敬、尊重。

祟，读suì，本义指鬼神出来作怪，贻祸人间。古人把天祸称为灾，人祸称为害，神祸称为祟。鬼、祟有内在的联系，所以可以重叠连用，表达一种不光明正大的行为，如鬼鬼祟祟。

作祟本指鬼神跟人为难，比喻坏人或坏思想意识捣乱，妨碍事情顺利进行。作祟易错成"作崇"，推崇错成"推祟"是人为造成的，万万不可怪在"神"的身上。

氽·汆

氽，读cuān，后起会意字。本义是一种烹调方法，把食物放到沸水里稍微一煮，如"汆丸子""汆汤"。俗话说，耍嘴皮子不办真事叫作"片儿汤汆丸子"。汆子，烧水用的薄铁筒，细圆柱形，可以插入炉子口里，使水开得快。

氽，读tǔn，后起会意字。氽从人从水，表示漂浮，常用于方言，如木板在水上氽。引申出另一个义项就是烹调方法，即用油炸，如油氽花生米。

氽与汆，相似度99％。所以，稍不留神，就会混了。"汆网"是将泡发好的线粉放入沸水里稍微煮一下的厨具，当然不能用"氽"。

篡·窜

篡，本义夺取。古代多指臣子夺取君主的地位，也可指为了一己之私利，用作伪手段来改动文件或典籍。篡改是指用作伪的手段改动或曲解真实的、正确的东西，其对象一般是重大的、抽象的东西，如历史、经典、理论、学说、政策、指示等。也就是说，凡曰"篡改"，都对某些理论或事物精神实质进行改动或曲解。

窜，主要义项有两个：一是乱跑、逃亡，如抱头鼠窜；二是改动（文字），如点窜。窜改，指文字上有所改动，有贬义色彩，改动的是具体的文字，多用于文件、古书、账目、成语等。

"窜改"与"篡改"都有改动的意思，但涉及的对象不同。窜改，具体的、小改；篡改，抽象的、大改。

侯·候

侯，本义为箭靶。远古以善射者为长，自然能给部落射杀野生动物多的人就成为首领，故"侯"后引申指尊者，是公、侯、伯、子、男五等爵位中的第二等。后有了侯爵。慢慢地，侯成了君主、君王，如诸侯。又泛指达官贵人，如王侯将相等。

读 hóu 时，为本义，即封建五等爵位的第二等，还用作姓。

读 hòu 时，用作地名，如福建闽侯。

候，本义表人观望之意。大家知道，狩猎时需要静静观察守候，所以古时候，"侯"也表达了"候"。由于"侯"用于姓和官位，于是古人另造"候"分担"侯"身上的重任。可以说，候是侯加笔画后分化出来的。由观察到的结果，引申出征候、问候、伺候。古时候，把五天视为一个观察变化的基础，叫候。一年分为七十二候。于是气与候相伴而生出气候。

虞候原指古官名，为掌水泽出产之官，隋代为东宫禁卫官，掌管侦察、巡逻等事务。唐代后期，藩镇以亲信武官为都虞候，为军中执法长官。虞候也泛指在大官府听候差遣或传达命令的人。《水浒传》有"陆谦陆虞候"，不得错写成"陆虞侯"。陆谦是陆虞候的名。

侯和候都可用作姓，但复姓夏侯，不得写作夏候。

壶·壸

壶，本义为酒壶。后为容器的名称，如茶壶、冰壶、鼻烟壶等。还用作姓。

壸，读kǔn，本义指古代宫中的道路，借指宫内，如壸政。再引申指内室。壸政指宫内事务，也可指家政；壸闱即宫闱，本指后妃所住的居室，泛指妇女所居的内室；壸则指妇女行为的准则、榜样；壸训为妻室者的言行仪范。宫壸指的就是帝王后宫。说到这，壸与女性就紧密联系到了一起。女性墓碑上常刻有"壸範足式"。範（范）指行为，足指完全可以作为，式指规格、标准。"壸范足式"相当于"妇女模范，完全可作为世人楷模"。

壸与壶只有一横之差，但一个指容器，一个指内宫，意思大相径庭。

历代颂赞医家常以"悬壶济世"，如果你写作"悬壸济世"，那就有点玄乎。

缉·辑

缉，本义是把麻搓捻成线，引申指搓捻、缝、继续、搜捕等义。

读 jī 时，指缉拿、缉毒、缉私等。

读 qī 时，缝纫方法，用相连的针脚密密地缝，如缉边儿、缉鞋口。

辑，本义是车厢。《六书故》说："合材为车，咸相得谓之辑。"意思是说车的各部件都要制作得很精准，车辆运行时各部件才能协调一致，达到这种标准的车才称"辑"。

编辑指收集资料或现成作品整理、加工成文章或书籍。与此同时，我们也可以理解要想做好一名编辑，那是要有汗牛充栋的知识做基础的。

可见，"编辑"一个是绞丝旁，一个是车字旁，配合得天衣无缝。笔者曾经从一位朋友手中接过名片，看到其名字后职务是"总编缉"，当时我就笑了。我笑了他就慌了。我开玩笑地说："你带'两根绳子'干吗呢？"朋友摊开双手哭笑不得。

佳·佳

佳，本义为美，好。

隹，读zhuī，象形字。甲骨文 是一只鸟的形状。金文 。小篆 。隶变后楷书写作隹。本义短尾鸟。凡有"隹"作偏旁的，一般都与鸟有关。如"集"，是鸟栖树上，引申为聚集义；如"雉"，是以箭（矢）射中鸟（隹），表示这是人们捕获的野鸡；"隼"（sǔn），是鸟中之霸。

"隹"的右侧中间那竖上下贯通，而"佳"右侧是两个土字叠加。

羯·蝎

羯，读jié，本义羯羊，即阉割了的公羊。

蝎，读xiē，本义为蝤蛴（qiú qí），即天牛的幼虫，木中蛀虫。后借指蝎子，节肢动物，长有一对螯，四对步足。

羊蝎子就是从颈项到尾尖的完整的羊脊椎骨。北京及其周边地区的商家在出售羊肉时，把肉剔下来，剔剩下的四肢叫棒骨，完整的脊椎骨因形状像蝎子，得名羊蝎子。羊蝎子剁开炖烂后其汤鲜美无比，骨上的肉亦不算少，是较实惠的食品。不过，有不少餐馆把"羊蝎子"误写作"羊羯子"（见下图），恐怕是想当然的结果。

应该是羊蝎子吧！

口·囗

口，本义为人嘴。最初，鸟嘴为喙，一般动物的嘴称作嘴，后来就不分。口，当初只是名词，后来一部分转化为量词，如"一口锅"。凡由口组成的字大都与嘴巴有关。

囗，象形字。金文 ⬭。小篆 ▯。隶变后楷书写作囗。本义为围绕。

读wéi时，有专家说囗是围的古体字。

读guó时，义同"国"。

囗一般不独立成字（《现汉》囗部首内没有自己的身影，这种现象非常少见），仅作部首使用。在汉字中，凡由囗组成的字大都与围墙、界限或捆绑之义有关。如"圃""囚""园""围""囹圄"。

囗远比口（嘴）"腰围"大一圈。有些汉字中，如"邑"上方是囗的变化，不能读作口，而应该读作围或国，其意思指范围乃至国家。在字号小的时候，囗与口区别不大，真写错了只有张嘴叹息了。

撂 · 摞

撂，读liào，后起形声字，是"撩"的后起分化字，本义为放下。作动词，有三个义项：一是放、搁下，如"她刚撂下饭碗就去了工地"。二是弄倒，如"他一连把三个对手撂在地上"。三是抛、扔，如"你千万别把我们撂下不管"。

摞，读luò。《说文》无，后起字。本义为理或系。可作动词，意思是把东西重叠往上放，如"你把报纸摞起来"。还可作量词，用于重叠放置的东西，如"一摞参考书码在桌上"。

"一摞书"指一叠书，人们大概受字形相似的影响，常错写成"一撂书"。同理，"摞挑子"也会被错写成"摞挑子"。

阙 · 阕

阙，本义为宫门外两边的楼台。又因为宫阙左右各一，中间有道如空缺，故阙与缺相通。

读quē时，指过失，疏失。同"缺"。

读què，指宫阙；神庙、陵墓前竖立的石雕；姓等。

阕，读què，本义为祭祀完毕，把门关上。引申泛指止息、终了。又特指乐曲终了或奏乐一遍。引申也指乐曲歌词，再作量词、名词，用于词或歌曲，一首词的一段叫一阕，如"上阕""下阕"。还用作姓。

常见错误就是把"一阕"写作"一阙"、"上下阕"写成"上下阙"，大概是受两字相似所误导。

暑·署

暑，本义为炎热。

署，本义安排布网以捕鸟。引申泛指安排、布置、部署。

暑与署，字形相似，读音一致，因而易混淆。但想到太阳（日）底下站着一个人（者），即暑天，引申出暑假等；网（罒）下面立着一个人，安排工作。这样一想，"暑期中部署夏令营工作"就不会写错了。

戍·戊·戌

戍，读shù，本义为军队防守边疆。后引申出驻防、守卫等义，如戍守、戍边、卫戍等。戍实际上是"人+戈"，但由于"人"那一撇与"戈"一横相接，从而迷惑了很多人。

戊，读wù，本义为兵器。戊本读mào，五代朱温（梁太祖）避其曾祖茂琳的讳，改"戊"为"武"，后人遂读"戊"为"武"音。由于戊被假借作天干，本义兵器只好另加声符朿写作"戚"。清末"戊戌变法"的"戊戌"就是干支相配用以纪年的例子。

戌，本义为兵器。在殷周时代，"戌"已借作纪日用字，为十二地支之一，其本义则被废去。

读xū时，地支的第十一位。

读·qu时，指屈戌儿（金属制的带两个脚的小环儿，钉在门窗边上或箱、柜正面，用来挂上钉锔儿或锁；或者成对地钉在抽屉正面或箱子侧面，用来固定U字形的环儿）。

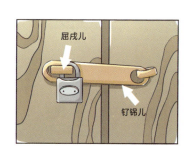

屈戌儿
钉锔儿

辨析了"戍""戊""戌"三个字的不同音、义以后，我们只要记熟"点戍横戌戊中空"七个字，就可以准确无误地把它们区分开来了。

婺·骛·鹜

婺，读wù，本义为不顺从。又用作星名，须女四星之一，叫婺女。古人认为地上山川与天上星宿分野相应，隋唐时在原秦会稽郡、三国吴东阳郡地域设置婺州，明朝改为金华府，府治即金华（今属浙江）。今天金华一带别称"婺"。金华市有婺城区。又江西有婺河，或称婺水，为乐安江的上流，在婺源县西南。

骛，读wù，本义乱跑，泛指驰骋。后引申指不受时空的限制而驰骋无边无际。再引申为不切实际的追求。好（hào）高骛远，即不切实际地追求过高的目标。"骛"也可写作"务"。好高骛远也作好高务远。

鹜，读wù，是"鸭"的古字。本义是家鸭。野鸭叫凫（fú）。晋以后鹜亦指野鸭。唐王勃《滕王阁序》："落霞与孤鹜齐飞，秋水共长天一色。"其中鹜就是指野鸭。鹜的特点是喜欢成群结队，于是就有了成语"趋之若鹜"。

造成骛与鹜混用的原因，除了两字字形相似度较高，还有就是古时候这两个字相通。不过，如今断了往来，因此，我们一定要把马、鸟分开。作为婺，与骛、鹜一打眼就能分得清楚，毕竟一从女（人），另从动物。

弈·奕

弈，本义指围棋。引申指下围棋，再引申指一般的下棋。对弈就是下棋。还用作姓。

奕，本义为高大盛美的样子。在现代汉语中常叠用为"奕奕"，形容精神饱满的样子，如"神采奕奕"。也用作姓。

古时，弈在明亮义项上通"奕"，如今两字分工明确，不再往来。特别遇到姓"yì"，你得分辨清楚到底是"弈"还是"奕"。

余·佘·畲·畬

余，本义为房屋。

佘，读shé，本也为房舍，后专用作姓氏。

本来"余"与"佘"就容易混淆，后来"田"的参与就更显复杂。

畬，读yú时，本义为耕种三年的田，后泛指田地。古语："田，一岁曰菑（zī），二岁曰新田，三岁曰畬。"《现汉》指开垦过两年的田地。读shē时，指用刀耕火种的方式种田。焚烧田地里的草木，用草木灰做肥料的耕作方法。这样耕种的田地叫畲田。

畲，读shē，指畲族。

蜇 · 蛰

蜇，本义为蜂、蝎等毒虫叮咬。

读zhē时，一是指某些昆虫用毒刺刺人或动物，如马蜂蜇人、被蝎子蜇了；二是指某些物质刺激皮肤或黏膜，使感觉不适或微痛，如洗头时当心蜇眼睛。

读zhé时，指海蜇，海里的一种生物，形如张开的伞，下面有许多触手，可以食用。

蛰，读zhé，本义为动物冬眠，藏在一处不吃不动。引申为蛰伏、惊蛰等义。

惊蛰（二十四节气之一），在每年的3月5日前后，此时气温回升，春雷萌动，惊醒蛰伏地下冬眠的动物。蛰伏是形容冬眠的一种状态，也可引申指像冬眠一样巧妙隐身。

由于蜇与蛰，字音相近，字形相近，错误常常会"蛰伏"在菜谱等相关文字里。

鲇·鲶

鲇，形声字。篆文从鱼从占（表声），简化作鲇。

鲶，《说文》无，后起字。

1964年，《简化字总表》采用分列：鲇〔鮎〕、鲶〔鯰〕。1986年重新发布的《简化字总表》仍然采用分列：鲇〔鮎〕、鲶〔鯰〕。2013年，《通用规范汉字表》中只保留了：鲇（鮎）。"鲶"被排除此表，这还不算，在附录《规范字与繁体字、异体字对照表》中，"鲶"连"鲇"的异体字都不算，充其量只能算作表外异体字。《现汉》第7版在"鲇"后面的括注中"鲶"字左上方加了两个星号，意思是说"鲶"属于《通用规范汉字表》外的异体字。

实话实说，"鲶"比"鲇"好认好读。由于《说文》只有"鲇"，故专家学者只好忍痛割爱放弃"鲶"。

转注、假借让你迷迷糊糊

从《了不起的汉字》一书中，我们知道汉字造字六法，其中，转注、假借虽然没有增加字量，但带来的弊端却多了去了，那就是转来借去，时间一长，分不清楚谁跟谁借的。还有，古时候最初一字一义，后来造字速度远远跟不上要反映事物的总量，于是引申义就是讨巧妙招。如"承"字本义指两手托举，后引申指轴承，承担，承办，承包，承上启下，一脉相承，继承，奉承，承欢膝下，承蒙，承恩等。最可怕的是通假字，"承"又通"丞""惩""乘""赠""拯""蒸"等。

本篇围绕转注、假借、通假、字词义相近等易产生误写的问题，将常用到的词一一呈现给你，以期为你提供辨析放大镜。

暗·黯

暗，本义光线不足。

黯，本义为深黑色。

暗、黯读音相同，都可形容光线微弱昏暗。如既有暗淡，也有黯淡，且两词意义大差不离。暗、黯主要有两点区别：一是在现代汉语中，黯字一般不单独使用，如"天色渐暗"不写"天色渐黯"。二是由自然光线的暗淡，"黯"可引申指心情的沮丧低落，如"黯然泪下、黯然神伤、黯然失色"，这些都是定形词，坚决不能写作"暗然泪下、暗然神伤、暗然失色"。"暗"则可引申指手段的不公开、不光明，如"明察暗访、明争暗斗"。

综合分析可知：黯，书面语言味道重一些，虚化一些；暗，口头语言常用字，趋向实指。

板·版

板，本义为木板。

版，本义为筑墙的夹板。后引申指用于印刷书刊图画的底片，有木版、石版、铜版、铅版等，一般是"整"的，不分"块"。

板与版，在板块、版块，木板、木版，版画、板话等一起出现时，容易产生交叉。

板块，本是一个地理学名词，指地球岩石圈的构造单元，全球共由六大板块组成，即欧亚板块、太平洋板块、美洲板块、非洲板块、印度洋板块及南极洲板块。板块后来比喻某些具有共同特点或联系的各个组成部分。如：本作品集分诗歌、散文、小说、报告文学四大板块。现在，用于报刊、节目等时一般作"版块"。

木版年画也可写作木板年画，但以"木版"为推荐词条。

版画是美术创作的一种形式。

"板话"的"板"显然指的是"快板"（我国曲艺的一种，特点是语言合辙押韵，说唱时伴有竹板打节拍，节奏较快。有些地方叫顺口溜、练子嘴），切不可因同音与"版画"混淆。人民文学出版社出版的《李有才板话》（赵树理著），如果写成

《李有才版画》，很多人会找你理论理论的。

胞·袍

胞，本义为胎衣。引申指胞衣（胎衣）；同父母所生的，嫡亲的，如胞兄；同一个民族或国家的人，如侨胞、台胞。

袍，本义为有夹层、中间絮有丝绵的中式长衣。

《诗经》云："岂曰无衣，与子同袍……岂曰无衣，与子同泽……"这里的"泽"指内衣、衬衣。"袍""泽"都是中国古代的传统衣着。同袍、同泽表现了军伍中的战友情谊。故后世"同袍""袍泽"常用于军人之间，再后来也引申用在夫妻、兄弟、朋友、同僚之间。

炮·爆

炮，本义为把带毛的肉用泥包裹住放在火上烧烤。礮，本义为抛石机所发的机石。礮俗作砲。火炮出现后，遂又用"炮"代替"礮、砲"。

读bāo时，义指烹调方法，用锅或铛（chēng）在旺火上迅速炒（牛羊肉片等）；烘焙。

读páo时，炮制中药的一种方法，把生药放在热铁锅里炒，使它焦黄爆裂。还指烧或烤食物。

读pào时，指火炮，炮仗。爆破土石、建筑物等在凿眼里装上炸药后叫作炮。

爆，本义火星四溅，引申爆炸等义。也是一种烹调方法，在滚油中炸一下或放在开水中煮一下，如爆羊肉、爆猪肚。

从炮（bāo）、爆（bào）的读音中我们不难听出，用于烹调方法时，前者较轻，后者较重。各位读者，你听出弦外之音了吗？

报·抱

报，甲骨文 、金文 ，左边是一个刑具，右边一只手抓住一个人给其加上刑具之状，会治人之罪的意思。小篆 。隶变后楷书写作报。今简化为报。本义为按法律判决罪人。审问时，嫌犯自然就得如实回答，这就是报告、汇报的原始出处。汉唐时地方长官在京师设邸，相当于现在的办事处，誊抄诏令奏章等传给地方，故又引申指邸报。这就是现在意义报纸的由来。报，有回应义，如"以德报怨"，以仁德回报别人的怨恨。报道与报导是一组异形词，现在"报道"兴而"报导"几为舍弃。

抱，本义为以手包围，如"犹抱琵琶半遮面"。由实指而虚指，指心中存有，如抱恨、抱歉、抱屈。

以下三组词值得揣摩。

【报怨】动 对所怨恨的人做出反应：以德报怨。

【抱怨】动 心中不满，数说别人不对；埋怨：做错事只能怪自己，不能抱怨别人。

【抱冤】动 感到冤枉。

除了报怨、抱怨之间的恩恩怨怨，还要小心"抱冤"与"抱怨"的微弱之别。"抱冤"更多是放在心中，"抱怨"更多是放在嘴上。

"抱憾"不要写作"报憾"。所谓"抱憾"，是心中存有遗憾，不是回报别人的遗憾。

"抱负"与"报复"读音相同，含义不一样。抱负，本谓手抱肩负，引申作名词用，指所抱负的东西，常喻指心里持守的远大志向，如抱负不凡。报复，义为打击批评自己或损害自己利益的人，如"受到报复""报复情绪"。"有理想有抱负"的人可大大重用，"有理想有报复"之人还是避而远之吧。

暴·爆

暴，本义指晒。后引申指暴露、暴虐、猛烈、突然等义。后来又引申指突然发财得势。"暴发户"即突然发财得势的人家。

读bào时，义指突然而且猛烈，还指凶狠、残酷等义。

读pù时，书面用语，同"曝"。

爆，本义为火迸裂。引申指猛烈地出现，如"爆发"即猛烈地发生、发作。再引申指突然、令人意外地出现，如"爆冷门"即指在某方面突然出现了让人意想不到的事情。

"暴发"和"爆发"的区别在哪里？区别在于一个"火"字。凡是和火有关的，一律用"爆发"；火山爆发，熔岩喷浆，地火奔突，用的是"爆发"；战争爆发，枪炮齐鸣，弹火纷飞，用的是"爆发"；两人吵架，疾言厉色，心火燃烧，用的还是"爆发"……可见，无论是自然之火，还是社会之火，是有形之火，还是无形之火，只要能称为"火"的，用"爆发"无疑。

与火无关的，比如山洪，用"暴发"；各种传染病流行，用"暴发"。

另外还要注意"火暴"与"火爆"之间的异形词关系。

【火暴】❶ 形 暴躁；急躁：火暴性子。也作火爆。
❷同"火爆"❶。

【火爆】❶ 形 旺盛；热闹；红火：牡丹开得真火爆|这一
场戏的场面很火爆|日子越过越火爆。也作火暴。❷同"火
暴"❶。

备·倍

备，甲骨文 好似箭 在箭筒 中。金文 。小篆 。
隶变后楷书写作備。俗体楷书字形为备。今以备为规范字。
本义盛箭的器具。引申出战事即将开始，一切皆要谨慎行
事。再引申预先筹划，如有备无患、预备、准备、筹备、备
课等。再引申出安排、防御，如防备、完备、戒备等。用作
副词，表示范围，相当于尽、皆，如关怀备至、备尝艰辛、
备受欢迎。

倍，金文 ，小篆 皆从人从咅（义为否定，兼表
声），会人背过面反向之意。隶定后楷书写作倍。本义为背
弃，背叛。引申指背向，背着，再引申指背诵（人与书籍不
照面，原来写作"倍诵"）。不过这几项意思后用"背"替

代了"倍"。一正一背则有两面，又引申指增加的倍数。用作副词，相当于越发，更加，格外。

备侧重指完全、周遍，"备受"是说"受尽"，例如备受赞赏是说受到各方面的赞赏。求全责备：求、责，均指要求；全、备，指完备，完美。意思是苛责别人，要求完美无缺。"备"作副词时，表示"完全"，侧重范围上的扩大。

倍，侧重指数量加倍、程度加深，如"勇气倍增"是指数量、程度的成倍增加。"倍"最初是"照原数相加"，如"倍增""事半功倍""倍道兼程""倍数""倍率"等。作副词时，表示"深"，侧重程度上的加深。

"备感"还是"倍感"？"每逢佳节倍思亲"不能写作"每逢佳节备思亲"。"倍思亲"是更加思念亲友、格外思念亲友。量的增加是程度上的，而不是范围上的。走进校园"bèi感亲切"，笔者以为"倍""备"均可。

"备加"还是"倍加"？备加的意思是"全方面给予"，强调范围上的加大；倍加的意思是"更加、加倍"，强调程度上的加深。备加呵护意思是全方位呵护，着眼于"范围"；倍加思念意思是更加思念、加倍思念，着眼于"程度"。

"备受"还是"倍受"？备受欢迎是到处受到欢迎、各方面受到欢迎；倍受欢迎，就是格外受到欢迎、空前受到欢迎。备受煎熬，意思是各种煎熬都经受了；倍受青睐，意思是更加受到青睐、格外受到青睐。在大多数情况下，"备受"说得通，"倍受"也说得通。

注意固定搭配："艰苦备尝"而不是"艰苦倍尝"，是"关怀备至"而不是"关怀倍至"。

必·毕

必，金文 从弋（木橛，兼表声）从八（表示分），表示分界的木橛。木橛是固定的，边界也是固定的，"必"继而引申出固定、坚定、一定、肯定。古时"必"又通"毕"。

毕，甲骨文 好似在田野里用一网打尽猎物（如鸟）形。金文 。小篆 。隶定后楷书写作畢。今简化为毕。本义为捕尽。捕尽自然就是全，如完毕。再引申就是毕业、毕生、毕竟等。

因为古时"必"通"毕"，成语里的"必"或"毕"都作程度副词使用，表示十分或完全的意思。两个字的音相同，词性相同，词义相通，故可以互为代用。所以毕恭毕敬可写作必恭必敬。

"毕竟"是同义词"毕"和"竟"组成的联合式合成词，在表达上作副词用，意即到底、终归、究竟，表示追根究底所得的结论。从唐宋到清末，"必竟"的用例相当多，但到了现代，只见"毕竟"不闻"必竟"。

荜·笢

荜，指荜拨（见下图），多年生藤本植物。引申指用树枝或竹子等做成的篱笆、门等遮拦物。蓬，是古书上说的一种草，干枯后根株断开，遇风飞旋，故又名"飞蓬"。"蓬荜"即"蓬门荜户"，指用草、树枝等做成的门户，形容穷苦人家所住的简陋房屋。"蓬荜生辉"的意思是，使简陋的房屋增添光辉，大多用作谦辞，也说"蓬荜增辉"。

笢，本义指用荆条、竹子等编成的篱笆或其他遮拦物。

筚路蓝缕（筚路：柴车；蓝缕：破旧衣服。形容创业的艰辛），也作荜路蓝缕（不能错写为"毕路蓝缕"）。推荐用词为筚路蓝缕。但

"蓬荜生辉"不得写作"蓬筚生辉""篷荜生辉"。

箅·篦

箅，本义指蒸锅中的竹屉。箅子，有空隙而能起到间隔作用的片状器物，它既可通气或漏水，又能起隔挡物体的作用，如蒸食物用的竹箅子（见下左图）、炉箅子、下水道的铁箅子等。

篦，本义为梳理鬓发的用具。篦子（见下右图），用竹子等制成的梳头用具，中间有梁，两侧有密齿（通常梳子一侧有疏齿）。篦，还可用作动词，如篦头。

箅帘即箅子。蒸馒头、蒸年糕、蒸包子，都会用到箅帘。有时也会用它放置饺子、馒头等。

砭·贬

砭，本义指古人用来治病的石针。古籍中提及的"药石"，其中"石"就是指"砭"。针砭，本是古代的医疗手段，用石头制成的针状物刺穴位治病。这一治疗过程古人便称之为针砭。后引申出有的放矢地批评、批判的意思，于是就有了"针砭"。"针砭"可作名词，如"痛下针砭"；也可作动词，如"针砭时弊"。

贬，本义减损，即价值上的降低、减少。引申指给予低的评价，如贬低、贬抑、贬损。

针砭皆有批评义，贬低、贬抑、贬损也有这方面意思，于是有人便想当然地将"针砭"错写作"针贬"。这种错误写法应该给予针砭。

辨·辩

辩与辨古汉语中可通假，但如今二者已分工，但有些词中有交叉。

【辩白】也作辨白。

【辩证】¹同"辩证❶"。

【辩证】²动 辨别症候：辨证求因｜辨证论治。也作辨症。

【辩正】也作辩正。

【辩证】❶动 辨析考证：反复辩证。也作辨证。❷形 合乎辩证法的：辩证关系｜辩证的统一。

辨证施治，中医药学中的一个术语，也称辨证论治。辨，即辨别。辨证，即根据中医药学理论，运用"四诊""八纲"等方法，辨别各种不同的证（"证"通"症"）候，从脏腑、经络等整体出发，分析病人个体反应，从而作出确切的诊断。施治，即根据辨证得出结果，确定治疗方法。

辩，即辩论；辩证法，关于事物矛盾的运动、发展、变化的一般规律的哲学学说，也特指唯物辩证法。

在专业术语中"辨"与"辩"不能混为一谈：中医学中的"辨证施治"不能写作"辩证施治"，哲学中的"辩证法"也不能写成"辨证法"。

答辩，指答复别人的指责、控告等，为个人的行为或论点辩护，不能写成"答辨"。

泊·舶

泊，本义指浅水，因"浅水易停"，故"泊"有停靠义。原来仅指停船，在某些方言中也指停车，现"泊车"的说法得到广泛认可。

读 bó 时，指船靠岸，停船，如停泊；停留，如漂泊；停放车辆，如泊车；姓。另引申指恬静，如淡泊名利。

读 pō 时，指湖，多用于湖名，如梁山泊（在山东）、罗布泊（在新疆）。

舶，本义为大船。用船舶从海外运来的，泛指从外国进口或引进的，如舶来。旧时从国外进口的物品，多用大船从海上运来，故称"舶来品"。

"泊"字的水旁，容易让人联想到海及海上运输，于是"舶来品"误为"泊来品"。还有就是"窗含西岭千秋雪，门泊东吴万里船"中，不得将"泊"写作"舶"。

博·搏

博，本义是大、广、多，如博爱，渊博，地大物博，博闻强记。引申指知道的东西多，如博古通今，博士。博又通"捕"，指谋取，读取，如聊博一笑，博得同情，博取芳心等。簙（簙为博的异体字）在古代还特指一种叫"六博"的下棋游戏，通过游戏，参与者可以赢得彩头，博因此引申指赌钱之类的活动。由赢得彩头，博又引申出换取、取得的意思，于是"博"与"捕""簙"达成高度一致，从而"博"由全心全意的褒义兼顾一些贬义了。

搏，本义是对打。左边是"手"，表示身体的一种活动，如肉搏，拼搏。搏本指双方身体的争斗、扭打，可以比喻奋力斗争和冲击。"放手一搏"就是解除顾虑和限制而大胆地搏击，表现的正是一种勇气与决心。

赌博的"博"绝无对打的意思，表示对打的应该是"搏斗"的"搏"。"博取"也不能写作"搏取"（"拼搏后取得"不得简为搏取，怕与"博取"撞车）。

采·彩

采，本义从树上采摘果实。参见112页"采·采"。

读cǎi时，义指摘；开采，如采煤；搜集，如采风；选取、取：采购；还指精神、神色：神采、兴高采烈；姓。旧同"彩"部分义项（旧同，现在语境下不同了）。

读cài时，采地，指古代诸侯分封给卿大夫的田地（连同耕种土地的奴隶）。也叫采邑。笔者经常听到把采邑读作cǎi邑，由此特别提醒大家不要读错。

彩，本义为各种颜色构成的花纹。引申义很广泛。还用作姓。

采与彩，差在三撇上。

彡，象形字，读shān。用作部首时，读作三撇儿。甲骨文中的三撇表示击鼓而祭。此义后加肉（月）成肜。据此，彡当鼓声之象征符号。后将胡须、光影、声响、外形等归于其中。古时，三表多，自然彡也表示光影、声响等繁多而驳杂。

在古史典籍中，彩本来写作采。据说是后人模仿"彣彰"的写法而加上三撇的。古人为了表示对文字的敬仰，特意将"文章"写作"彣彰"。"彣彰"后来恢复为"文章"，但"彩"被保留下来。

在表示色彩时，采、彩容易混淆。但认真研究分辨，还是能从采、彩看出形、神之别。

偏于形（具体、可见）的，用"彩"，如剪彩（彩绸），彩排的彩是指化妆，挂彩的彩是指流血，中彩的彩是指赌博或某种游戏中给得胜者的东西。

偏于神的，用"采"，如文采、风采、无精打采、兴高采烈等。

光彩，如果指流光溢彩，偏于形的，写作光彩；如果指面子上有光彩，虽然偏于神，但习惯上仍写作光彩。

仓·舱

仓，本义是粮仓。

舱，本义指船舱，后引申范围越来越广。现代飞行器上载人或装货的部位，如太空舱、头等舱、机舱。

由于仓与舱本是同源，自然有扯不清的关系。以下几组词就能说明这一点。

仓位，指仓库、货场等存放货物的地方。还指投资者所持有的证券、期货等的金额占其资金总量的比例。也叫持仓量。

舱位，船、飞机等舱内的铺位或座位。

仓门，仓库之门。

舱门，飞机、飞船等飞行器上供人员、货物出入的门，或舰船上在各通道间的舱壁、船舷壳板上开设的用以保证人员、车辆和物资通过的门。

电池仓，例如数码照相机、手机等放电池的地方。

电池舱用在航天飞机和潜艇等方面。

弹仓，枪械上用于容纳射击备用枪弹，并能以其弹簧力将枪弹逐发输送到预备进膛位置的容器。弹仓一般分为固定式和分离式两种。

弹舱又称武器舱，在早先的军用航空器中主要是指轰炸机上专门用来装载炸弹的舱。现代战斗机多采用专用的武器舱，把原先通常挂在机翼和机身外挂架上的弹药装在舱内，以提高隐身性能。弹舱主要用于潜艇、战斗机等，而"弹仓"多用于枪械和榴弹炮等。

由体育馆等场所改建的方舱医院，用"舱"而不用"仓"。由于方舱医院是临时性的，具有流动性，所以写作方舱。

出仓：期货交易的全过程可以概括为建仓、持仓、平仓或实物交割。股票卖出也叫出仓。

出舱：宇航员在太空中，走出航天舱外。

总体分析可以看出，容量小的是仓，容量大的是舱。"仓"与"舱"都可以表示存放物品的地方。两者的区别是：仓用于陆地，通常为固定的，如仓房、仓库等；舱，一般是指交通运输工具（如船、飞机、火箭）中的空间，如机舱、船舱、驾驶舱等，通常是移动的。

叉·岔·差

叉，小篆 在手指缝中加一点，指明手指分开相互交错之意。隶定后楷书写作叉。本义双手手指交叉表示敬意。后引申指鱼叉、刀叉等。叉笔画很少，但多达四个音，且阴平、阳平、上声、去声一个不落，这一现象实属罕见。

读chā时，义指一端有两个以上的长齿而另一端有柄的器具，如钢叉；用叉取东西，如叉鱼。用作叉形符号（×），如老师给小红第一道数学题打了个×。叉号也是乘号。另外，我们在隐去部分数字时，常用叉号代替，如某部手机号码：135××××4350。

读chá时，方言用字，义为挡住、卡住。

读chǎ时，义为分开成叉（chā）形，如叉着腿很不雅。

读chà时，条状物末端的分支，如头发开叉了。

岔，读chà，后起会意字。本义由主山脉分出的支脉。

差，多音字、会意字。金文 从來（小麦）从左（表示两手相搓），会用手搓麦粒之意。小篆 。隶变后楷书写作差。本义为用手搓麦。

读chā时，减法运算中，一个数减去另一个数所得的数。

读chà时，形容不相同，不相合，如差得远。还形容不好等义。

读chāi时，常见义项为公差，差事。

读cī时，常见词参差和参差不齐。

从以上可以看出，叉与岔有些义项上有交叉，差与叉、岔读音相近，所以在"隔三chà五"上容易出现差错。隔三岔五，也作隔三差五，但没有"隔三叉五"。"叉着腰"不要写作"岔着腰"。

查·察

这里，我们主要对比"侦查"和"侦察"二词。

侦查指公安机关、国家安全机关和检察机关为了确定犯罪事实和证实犯罪嫌疑人、被告人确实有罪而进行的调查。"侦查"是司法术语，如侦查员、侦查案情、立案侦查等。其重点在"查"，即调查、检查、搜查。

侦察是军事术语，是指为察明敌情及其他有关作战的情况而进行的侦视探察活动。

侦查员用于公安系统，是负责调查各种犯罪活动的；侦察员用于军事领域，是负责搜集军事情报的。

齿·耻

齿，甲骨文 好似口腔中上下相对的门牙形。金文 加声旁 （止）。小篆 。隶定后楷书写作齒。今简化为齿。古人称口腔前部上下相对的两排咀嚼器官为齿，称口腔后部上下交错的咀嚼器官为牙（如犬牙交错），后人将牙、齿混用。

耻，小篆 从心从耳（心羞之情现于耳红之意，兼表声）。隶变后楷书写作恥。俗改作耻。今以耻为规范字。本义羞惭。

不耻，是不以为耻，即并不感到可耻的意思。"不耻"是个常用词，意思是"不以……为耻""不认为……有失体面"。如"不耻下问""不耻最后"，都是褒义，意思是向地位、学问不如自己的人虚心请教，而不认为有失体面。"不耻下问"不能说自己，只用作对别人的赞扬。"不耻最后"是赛马时不因跑在最后而感到羞耻，比喻做事在于坚持而不在于快慢，只要持之以恒，就能实现目标。

不齿，是不与同列（由于牙齿通常排列有序，故引申指并列、同列），表示鄙视，是不值得一提或连说一说都感到可耻的意思。常用词语有"人所不齿"、"不齿于人类"（千万不要写成"不耻于人类")等，多是贬义词。"不齿"还经常用在被动结构中，"不齿"可以和"所""为……所"结构连用，表示被动，构成"（为）……所不齿"，如"他的言行为大家所不齿"。

无耻，形容某些人不顾羞耻、不知廉耻，如"无耻吹捧""无耻之尤"等。无齿，就是没有牙齿，要么是幼童未长出，要么是老掉牙了。

蹿·窜

蹿，本义为向前或向上纵跳。蹿，本是"窜"的后起字，主要分担"窜"字的逃跑、奔跑义。近代此义已基本不用，现代汉语中蹿常指向前或向上跳，也喻指向上猛长（蹿个儿）和迅速上升（蹿升），现在蹿还指往上冒、喷射等，如蹿火即冒火，蹿血即冒血。

窜，本义为鼠逃入穴中。

蹿是窜加旁分化字，故两者打断骨头连着筋。但两者现在分工日趋明确，窜的字义重在"逃"，蹿的字义重在"跳"。蹿是向前或向上，窜是平面或向下。如"猫一下子蹿到树上，随后又窜下树来，再窜进下水道"。

窜（竄）本义与老鼠有关，用"窜"的词语，其行为动作往往带有躲躲藏藏的特征，就像老鼠一样。窜带有贬义色彩。

窜入，大致相当于"逃入"，是一种被动行为；蹿入，大致相当于"跳入"，大都是一种主动行为。

当·挡

当（當），本义为田与田相值（指相当、相等）。引申出对等义，如门当户对、旗鼓相当；又引申出面对义，如首当其冲、当仁不让；再引申出担当义，如人们常说的当权、当政以及敢作敢当、愧不敢当等。除此以外，"当"的众多义项中还有一个义项：抵住、拦住。这个义项同样是从"田相值"来的，有势均力敌的意思，只是后来它加义符"手"写成了"挡"。可见"挡"是"当"的加旁分化字。

读dāng时，由本义引申出相称、担任、承当、阻挡等义，还用作姓。另外作拟声词，形容撞击金属器物的声音。

读dàng时，主要义项是合适（如恰当、妥当）、当作（如安步当车）、指事情发生的时间（如当天），还指用实物做抵押（如当铺）等。

挡，本义为阻拦。

读dǎng时，由本义抵挡引申出遮蔽，如遮风挡雨。还作排挡的简称，如挂挡、倒挡。

读dàng时，义为搭档（也作搭挡）。摒挡，指料理、收拾，如摒挡行李。

"当"可以表示担当，而"挡"则表示阻拦，一个是接受，一个是抗拒，不能混为一谈。"独当一面"中的"独"指单独，"当"指担当，"独当一面"是说单独担当一方面的重要任务。"兵来将挡"：对方用什么计，我就出什么招来阻挡，不让你的计谋得逞。

势不可当、一夫当关、锐不可当、螳臂当车……，"当"表达的都是"挡"的意思，用的却是"当"字。原因何在呢？凡是历史上已经定型的词或成语，往往稳定性较强，并不轻易随后来的用字变化而变化。前面这几组成语就属此类。

当然，在"挡"字出现以后，不可能对"当"字没有影响。势不可当、螳臂当车也有人写成了势不可挡、螳臂挡车，许多工具书还都予以采纳。

订·定

订，本义为评议、评定。

定，本义为止息。引申指平定、稳定、固定，再引申指决定、规定、一定等。

通常情况下，凡要经双方或多方协商或要按一定程序办的事用"订"；凡单方面确定的事用定，如定价、定金。

【订金】预付款。

【定金】一方当事人为了保证合同的履行，向对方当事人给付的一定数量的款项。定金具有担保作用和证明合同成立的作用。

我国的《担保法》赋予"定金"法律意义：给付定金的一方不履行约定的债务的，无权要求返还定金；收受定金的一方不履行约定的债务的，应当双倍返还定金。

"订金"没有担保债权的作用，仅相当于预付款。这样一来，"定金"与"订金"就分化成两个词。这也促成了"定"

与"订"含义的分化："定"强调确定、不易更改；"订"则强调有一定的不确定性、有可能发生变化。

度·渡

度，本义为伸张两臂量长短。

读dù时，义为计量长短，还通常表明物质的有关性质所达到的程度，如硬度。用作姓。

读duó时，推测、估计，如揣度、测度、度德量力（衡量自己的品德能否服人，估计自己的能力能否胜任）。

渡，本义通过河流。渡是"度"的加旁分化字，主要用于空间。

区分度与渡有一小妙招：在时间面前，想过不想过，都得过，那就用"度"，比如欢度春节、虚度光阴；想过就过，不想过就不过的用"渡"，多指从这一岸到那一岸。凡用"度"都是不以人的主观意志为转移的，不想度也得度；凡用"渡"则必须通过主观努力，否则就渡不过去。如渡河，过不过你说了算；在"难关"面前，你是想方设法渡过，还是止步不前呢？

过渡，指事物由一个阶段或一种状态逐渐发展变化而转入另一个阶段或另一种状态，如过渡时期、过渡地带、过渡政府、过渡内阁。过渡时期，是一种比喻，指通过这段时间就像渡河一样。

过度，超过适当的限度，如过度疲劳、过度兴奋、悲伤过度、过度放牧。

三十六计中，有"明修栈道，暗度陈仓"。按理讲应该写作"暗渡陈仓"。由于古时"渡""度"相互借用，早期连环画采用"暗渡陈仓"，后来有专家说保持最初版本中的字形，宜采用"暗度陈仓"。

欢度国庆节不得写作"欢渡国庆节"，"度假"不应写成"渡假"，同理，"度假村"不得写作"渡假村"。

孚·负

孚，甲骨文 𰁅 从手从子，会抱子哺乳之意。金文 𰁅 。小篆 𰁅 。隶定后楷书写作孚，当是"乳"的本字。引申指孵化。人生子或鸟孵化皆有定期，故孚引申出诚信、信用的意思。后来使群众信服的意思就用"深孚众望"来表达，"不孚众望"就恰恰相反。为了分化字义，后专用孚来表示诚信之义，孚本义另加义符卵写作孵来表示。从这个意义上看，孚是孵的本字。

负，小篆 皆上从人下从贝（货币），会人背有货币就有了依靠之意。隶定后楷书写作負。今简化为负。本义为仗恃，引申出依附等义。

负有背弃、辜负的义项，"不负"是"不辜负"的意思。不负与深孚，意思相近；不负与不孚，那就天壤之别了。

"孚""负"之混淆，不仅在字义，还在字音方面。

副·负

副，在作属性词时，义为居第二位的、辅助的（跟"正、主"相对），如副班长。还有一个义项为随带的，如副业、副作用、副产品。

负，在作属性词时，有义项：小于零，跟"正"相对，如负数；得到电子的（跟"正"相对），如负电。

副业，主要职业以外，附带经营的事业。

副作用，随着主要作用而附带发生的不好的作用。

副产品，制造某种物品时附带产生的物品，也叫副产物。

负面，属性词，指坏的、消极的，反面（跟"正面"相对），如负面影响、负面效果。

"盛名之下，其实难副"也写作"盛名难副"。盛，义为盛大；副，义为符合、相称。指名望大的人实际很难与他享有的声望相称。"盛名难负"说不通。

副作用不要写作"负作用"，同样，负面效果也不要写作"副面效果"。副作用常为药学术语。任何药物的药理作用，都是综合性的，但对于某种具体的疾病来讲，只有部分起治疗作用，而对治疗无效的其他药理作用，就是"副作用"。药物的药理作用，对某种病症有治疗效果的作用俗称为"主作用"，反之为"副作用"。对某种疾病的"副作用"，很有可能对其他疾病有治疗效果，因此先前的"副作用"就会成为"主作用"。

"副作用"是从药物的药理作用角度命名的，"负作用"是从人的机体反应而言的，二者不在一个层面。这是大家应该重视的地方。

杆·秆·竿

杆，本义木名，或指檀木或指柘木。引申指细长的木头或形状类似细长木头的东西，如旗杆、桅杆等。还进一步引申指器物上像棍子的细长部分，如笔杆、秤杆等。

读gān时，义为细长的木头或水泥柱等，如电线杆。杆子，方言，指结伙抢劫的土匪，如拉杆子。

读gǎn时，义为器物像棍子的细长部分（含中空的），如秤杆、笔杆儿。也作量词，如一杆秤、两杆枪。也可组词杆子，如枪杆子。注意：杆子（gān·zi）与杆子（gǎn·zi）音义存有不同之处。

秆，本义指禾本植物的茎。也指农作物脱粒后剩下的茎。

竿，本义为竹竿。如"百尺竿头，更进一步""立竿见影"等。后来引申到其他材料，如金属竿。晾衣gān怎么写，如果泛指，就用晾衣竿。如果明确是一根树杆做的晾衣工具，那就用晾衣杆。

秸秆是由两个同义语素组成的合成词（秸也是指农作物脱粒后剩下的茎）。注意，不是"秸杆"，"秸""杆"一个是禾属，一个是木属，二者硬性搭配是非常别扭的，古今典籍中也从未见过"秸杆"的踪影。

骨干本指长骨的中央部分，比喻在总体中起主要作用的人或事物；躯干指人体除头部、四肢外的身体主干。

杆没有gàn的读音，也没有主干的意思。树干容易写成树杆。笔者以为，一棵树砍伐之前主要部分称树干，砍倒后除去枝丫立马就成"树杆"了，各位读者您说行不行呢？

接·结

接，本义为两手相触交会。

结，本义为用长条物绾系或编织。

"城乡接合部"是指城市与农村之间的过渡地带，"城"和"乡"只是地理上的邻接关系，不能写成"城乡结合部"。

琅·朗

琅，本义为形状像珠的美玉或美石。引申指洁白。后指清亮的读书声。

朗，本义指明亮，如"明朗""晴朗""天朗气清""豁然开朗"等。引申指声音清晰、洪亮。如"朗读""朗诵""朗笑"等。

琅与朗好区分，但"琅琅"与"朗朗"在读书的问题上有些纠缠。请从以下加以甄别。

【琅琅】拟声 形容金石相击声、响亮的读书声等：书声琅琅。

【朗朗】 形 ❶形容声音清晰响亮：朗朗上口｜笑语朗朗。❷形容明亮：朗朗星光｜朗朗乾坤。

"琅琅"跟"朗朗"的区别在哪儿呢？

古代上层人士佩玉之风盛行，"琅琅"多含有喜爱的意思。古人重视教育，所以用"琅琅"形容读书的清朗、响亮之声，以表示对读书的尊崇。

朗朗为形容词，可用于鼓声，还可用于读书声。琅琅是拟声词，引申形容珠玉以外其他声音的清晰、响亮。在与"喜爱""推崇"对象搭配时，多用"琅琅"。用于读书声时，"朗朗"和"琅琅"都可使用，一般情况下"朗朗上口""书声琅琅"已经成为固定组合，轻易不要换位。

咙·昽·胧·眬

咙，本义为嗓子。喉咙，兼具通气和发音功能。

昽，本义为太阳初升由暗而明的景象。

胧，本义为月微亮不明的样子。

眬，本义为目模糊不清。

曚昽，形容日光不明。

朦胧，本义指月光不明。引申指事物模糊，不清楚，如

"烟雾朦胧""往事朦胧"。"月朦胧、鸟朦胧"中前三个字用本义，后三字用了引申义。

蒙眬，形容人眼睛半开半闭，看东西模糊的样子，有"睡眼蒙眬""醉眼蒙眬"。特别提醒大家注意的是："矇"早已简化为"蒙"，因而"蒙眬"不要想当然写作"矇眬"。

"朦胧"是指事物本身模糊不清，而"蒙眬"是指人的眼睛由于在非正常状态下看不清外界事物，事物本身并不模糊，这是两个词本质的区别。

率·律

率，本义为拉紧的大绳。由拉引，引申出带领，即率领，再引申指将领。继而又引申出直爽、粗犷、草率等义来。

读lǜ时，指两个相关的数在一定条件下的比值，如效率、税率、圆周率、出勤率、上座率等。

读shuài时，用的是本义。

律，本义为持篙行动。撑篙动作呈现规律性。又指法则、规章。比如，人为制定的戒律、法律，客观存在的规律、定律，等等。

"周期"是指事物经历一个过程回到原来状态所需要的

时间。比如，地球自转一个周期是一天，公转一个周期是一年；哈雷彗星则以约76年的周期绕太阳运行。准确地说，周期无"率"可言，因为它主要表达一个时间数据，所以，它以称"律"为宜。"周期律"是事物发展过程中的周期性变化的规律。比如"元素周期律"这一重要自然定律，揭示的就是元素的性质随着原子序数的增加呈周期性变化的规律。请注意，由于历史原因，历史周期率已经被人们广泛接受。

心率指心脏跳动的频率，即心脏每分钟跳动的次数，可以说心率过快。

心律则指心脏跳动的节律，即心脏跳动的节奏与规律是否整齐，可以说心律不齐。

心脏跳动的频率是一个快慢的概念，不存在整齐与否的问题，自然"心率不齐"是错误的。

迷·谜

迷，本义为迷路（如"指点迷津"），即失去判断能力，不能确定前进方向。使困惑（如"当局者迷"）、使人分辨不清（如"财迷心窍"）、使入迷（如"迷人"）。引申指对某人或某一事物产生特殊爱好而沉醉，如迷恋。还指沉醉于某一事物的人，如球迷、戏迷。

谜，本义为暗射某一事物或文字等供人猜测的隐语，由谜面、谜底两部分组成。这种由谜面、谜底等组成的文字游戏，要动脑筋去破解，"谜"因此引申指难以理解或没弄清楚的事物。

读 mèi 时，用于方言，如谜儿，指谜（mí）语，如猜谜儿。

读 mí 时，指谜语。

迷与谜，难解难分。凡是与谜语有关的都用"谜"（从言），凡是与走路有关及引申义的用"迷"（从辵）。除此之外，"迷宫"与"谜团"值得格外关注，稍微打盹就会迷糊走不出来。

迷宫，门户道路复杂难辨，人进去不容易出来的建筑物，比喻充满奥秘不易探索的领域，如天文学迷宫。

谜团，比喻一连串摇摆不定的事物，也说疑团。

古汉语中"迷""谜"偶通，但如今已分工。

弥·密

弥，本义为弓张满。引申指遍、满，如弥漫、弥天。再引申指填满、遮掩，如弥补等。弥可作"久、远、遍、满、覆盖"等义解，通"弭"，又可释为"止息"。可作姓。

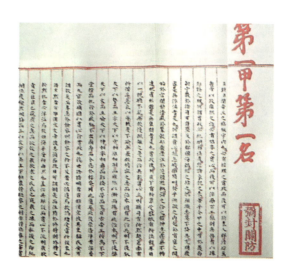

密，本义为形状像堂屋的山。

弥封，义指把试卷上填写考生姓名等信息的地方折角或盖纸糊住，目的是防止舞弊。上图为青州博物馆珍藏的状元卷，长方红印内为"彌封關防"。

密封，义为严密封闭，如"密封舱""一听密封的果汁"。

弥封与密封，都属于动词，前者指向明确，后者指向宽泛。两者目的不同。

"弥封考卷"，不要写作"密封考卷"。

期·其

期，本义约定时间见面。

读qī时，指日期、时间以及期待等义。

读jī时，书面用语，指一周年，一整月，如期年，期月。

其，本义为簸箕。后来，其被古人借为语气词、人称代词、副词、连词、结构助词等，忙得"其"晕头转向，于是乎，古人加竹另造"箕"代替其本义。

读qí时，指本义及引申义。

读jī时，用于人名，如郦食其（Lìyìjī）。

古时，其与期有时相通，这也给后人在"其间""期间"之间打下纠缠的伏笔。

"期间"从词义上说，指的是某个特定的时段，也指某段时间。使用时，必须指明自己所要表示的是什么时段，如"上小学期间""三年工作期间"。

"其间"，方位词。一般有两个意义：一是表示时间，指某一段时间，即"那一段时间之内"的意思。如"2010年至2014年，王某在山东大学学习，其间，他获得全国、省级奖项多次"。二是表示空间，即"那中间""其中"的意思。如"落地大钟放置其间，人们顿时感到庄严肃穆"。表示那中间、那里面，如"厕身其间"等，这个"其间"跟"其中"相仿。

如何区分"其间""期间"？有个小窍门："期间"前面必有汉字出现；"其间"表示时间时，前面不能有汉字身影，要么"其间"处在一段前头，要么"其间"前面是逗号、句号，但"其间"表示空间时，前面有字，如"置身其间"。

气·汽

气，甲骨文 （三横表多），好似空中飘浮的云气形。金文 （最上为弯折，以区别"三"）。小篆 ，动感十足。隶变后楷书写作气。由于气后来作了偏旁，云气之义便借本指馈送人的粮草之义的"氣"来表示。后来，古人把"氣"与"气"混用，"馈赠"之义的"氣"只好再加"食"，写作"餼"。再后来，古人又让"气"咽了气而全部使用"氣"。新中国实行简化字时，氣简化为气。

古代，"气"可作乞字用，后来将"气"省去一笔为乞，以免混淆。

也有的人说：氣，金文 从气从米（代指食物），本义为体内因肠胃消化食物而产生的气体。备此一说。

汽，本义为水干涸。后常用于水蒸气。

蒸气、蒸汽两者之间有差异，不可通用。蒸气的外延比蒸汽大，蒸气包括蒸汽。蒸的"气"指各种气体，如"毒气""煤气""沼气"等；凡是液体或固体变成的气体，都可以叫"蒸气"。而"蒸汽"则专门指气态的水，即"水蒸气"。利用水蒸气产生动力的发动机，只能写作"蒸汽机"；利用水蒸气产生动力的锻锤，只能简称为"汽锤"，而不可写作"气锤"。

欠·歉

欠，本义打哈欠。气出则不足，引申指欠缺、亏欠等。

歉，本义当为收成不好。

凡是与收成有关的用歉，错为"欠收"可能是受"欠"有不够、缺乏的影响。

歉，可指收成不好；岁，可指一年的收成、年景。"歉岁"义为歉收之年、灾荒之年，也称"歉年"，与"丰年"相对。汉语中没有"欠岁"的说法。

跷·翘

跷，本义为把腿脚抬高。又引申指竖起指头，如"跷起大拇指"。

翘，本义为鸟尾可上举的长毛。

"跷"大拇指还是"翘"大拇指，是个不得不说的问题。

有些人肯定"翘大拇指"也是有道理的。从心理学角度来说，手、足不宜混为一谈，用"翘大拇指"来表示赞美与褒扬确实比用"跷大拇指"更让人受用一点。"跷"从足，足地位低下，用足来表示赞扬，让人心里别扭。多年来，《现汉》在"跷"示例中采用的是"跷大拇指"。

雀·鹊

雀，本义雀科鸟的统称。麻雀就是"形象代言人"。

读què时，指本义及引申义。还用作姓。

读qiāo时，口语，雀子，即雀（què）斑（症状是面部出现不疼不痒的小斑点）。

读qiǎo时，义同"雀"（què），用于"家雀、雀盲眼"。雀盲眼，方言，指夜盲。

鹊，本义为喜鹊。

古人将鸟分成两大类：一类是短尾巴鸟，隹，详见122页"佳·隹"。凡是从隹（注意与"住""佳"不要混搭）的汉字大都是尾巴不长的鸟类，如麻雀的雀。还请注意，雀从小从隹（小隹，会意准确无比）而不是从少从隹哟，也不是从小从佳。

另一类是长尾巴鸟，甲骨文 ，金文 ，小篆 ，你与佳对比一下就能看出不少道道。如鸽、鸡、鹅等。经过长期演变，成了鳥，后简化为鸟。

后来，古人对佳与鸟的划分不再死板。如孔雀尾巴长而且美丽，按理说应该叫"孔鹊"，但写作孔雀。

雅，本是一种像乌鸦一样的黑色琴，能演奏出高雅音乐来。这种琴本来称作鸦，后古人另造"雅"与"鸦"分开。早期，鸡有"雞""鷄"两种写法，前者从佳后者从鸟。新中国第一次汉字简化时，专家们犯了难，如果把"雞"左边简化为"又"，那就与困难的"难"混同了，于是只将"鷄"作为正体顺势简化为"鸡"，"雞"只好屈之为鸡的异体字。还有鹊，也有的写作雊。济南市大明湖东南角，有"鹊华桥"，桥的旁边有"雊华居"（乾隆帝题写）。

鹊属长尾鸟，体形稍大，身体敏捷，善飞，飞行速度极快，"嗖"的一下似箭离弦，自然"声名鹊起"非"鹊"莫属。"鹊起"万万不能误为"雀起"。

佳喜欢在地面觅食撒欢儿，飞不高也飞不快，行走时只会往前蹦跶不会往后退。于是古人造"進"专选"佳"，水平相当高，如果选牛马之类，不能表达前进的唯一性，因为人及其他动物既会往前走也会后退。可惜的是"進"简化为"进"，只能围着水井转悠，看不出前进还是后退了。

麻雀给人的印象首先是叽叽喳喳，所谓"雀喧知鹤静，凫戏觉（一作识）鸥闲"也。电影《乌鸦与麻雀》，用麻雀喻指生活在底层的小市民。"雀喧鸠聚"和"鸦雀无声"，前后都有"雀"，可见喧闹和安静都与"雀"有关。

其次是跳跳蹦蹦。麻雀腿短，翅膀也短，飞不高也飞不远，经常在场前屋后觅食，故有"门可罗雀"一说。而稍加观察便可发现，麻雀总是双腿并着跳来跳去的，由此产生了"雀跃""欢欣雀跃""雀跃欢呼"等词或成语。

最后，麻雀胆小。有的地方讲某人魄力不够，或胆量不大，戏称为"麻雀子胆"。"雀目鼠步"是用麻雀和老鼠来比喻惶恐的神态。毛泽东在《念奴娇·鸟儿问答》中有"炮火连天，弹痕遍地，吓倒蓬间雀"。

鹊和雀还有一点不同，鹊有做窝的本领（喜欢在路边高高的树上衔树枝搭窝），雀则有点得过且过，屋檐下、草堆中都可栖身。北京"鸟巢"体育场，这名字无论是对其形状的描述还是寓意，都是恰如其分。"鹊巢鸠占"不能写作"雀巢鸠占"。"鹊桥"是指牛郎织女被王母拆散后，每年七夕，天下喜鹊用身躯相接，在"天河"为这对恩爱夫妻

搭起一座"天桥"，使
其相会。此桥便因"喜
鹊"而名"鹊桥"。唯
有喜鹊才会乐于牵线搭
桥成人之美，麻雀成天
为吃饭奔波，哪有这份

麻雀与喜鹊

心情。宋代词人秦观的《鹊桥仙》是借牛郎织女的传说歌颂坚贞爱情的优秀词作，你要写《雀桥仙》，喜鹊不找你麻烦才怪呢！

苔·薹

苔，本义为青苔，也叫水衣、地衣。

读 tāi 时，舌苔，指舌头表面滑腻的物质。因舌苔与青苔有某些相似之处，故得名。

读 tái 时，指苔藓、苔藓植物。

薹，本义为薹菜，又名芸薹，即油菜。

薹，还指蒜、韭菜、油菜等生长到一定阶段时在中央部位长出的细长的茎，顶上开花结实。嫩的时候可做菜吃。

请注意，臺部分义项上简化为台，但是薹没有简化为苔。蒜薹、菜薹，不得写作蒜苔、菜苔。

炭·碳

炭，本义把木材与空气隔绝，加热燃烧成的一种黑色燃料，即木炭。

碳，本义为一种非金属元素。旧时用"炭"表示。近代科学新造的科技用字，指一种化学元素，符号是C。

炭（木炭），是一种能够直接燃烧发热的固体燃料，由木材（或薪材）经炭化（不要写作碳化，指远古的树木等埋藏于沉积物里，在一定的压力和温度下逐渐变成煤的过程）或干馏（即碳化，不要写作炭化，指把固体燃料与空气隔绝，加热使其分解的过程）而得的固体产物。按照烧制和出窑时熄火方法的不同，木炭可分黑炭和白炭两种。煤炭则是远古植物埋在地下，经历长期复杂的化学变化和高温高压而形成的。

"炭烧"是来自日本语的新词，频频现身于各种食品包装，"炭烧牛排""炭烧咖啡"等遍布人们视野之中。"炭烤"是用木炭烧烤，此加工方法可以使食物带有独特的芳香。

碳，则是一种肉眼不能见的化学元素，试问谁人见过用化学元素来烧烤食物的？"碳烤牛排"是说不通的。应是同音致误。

近些年，"碳达峰"与"碳中和"频频出现在各大媒体和重要讲话中。碳达峰，指二氧化碳的排放不再增长，达到峰值之后开始下降。碳中和，有时译为碳平衡，指碳排放降低为零，或通过环保等措施抵消碳排放。

注意："碳达峰""碳中和"的"碳"不能写作"炭"。

捂·焐

捂，本义为斜相抵拄，撑持。此义今作牾。捂引申出遮盖、封住等义。

读wú时，枝捂，同"枝梧""支吾"，义为说话含混躲闪，也指用含混的话搪塞。

读wǔ时，义为遮盖住或封闭起来。如"捂盖子"就比喻掩盖矛盾。

焐，本义是用热的东西去接触凉的东西，使之变暖。比如焐酒，用热水袋焐焐手。

"用手捂"就是用手盖住。

"用手焐"就是利用手的温度使凉的东西升温。

春捂，就是说春寒料峭，不要急着减衣服，以防受寒。"春捂"不可写作"春焐"。

泄·泻

泄，本义为水名，泄水即安徽省六安市的汲河。引申指疏通。再引申指尽量发出感情、情绪等，如泄愤。又引申指漏出、透露，如泄密等。

泻，本义为水急速地流。

"泄"侧重指液体或气体从密闭物体中溢出或排出，如水泄不通、别泄气。"泻"侧重指大量从高处急速流到低处，也指腹泻，如一泻千里、上吐下泻。

泄受人们主观控制，泻则不能。如泄洪，指人们根据来的洪水大小进行排泄。泻肚，人为控制不了，赶紧服药吧。

战·颤

战，本义为用戈搏杀野兽。古人常把狩猎作为战争的演习，自然"战"就引申出战斗、战争等义。

颤，本义为头摇动不定。

读 zhàn 时，义指发抖。

读 chàn 时，义指颤抖，发抖。

战，也有发抖的义项，如寒战、打战、胆战心惊。

在发抖义项上，战常用于书面语言，颤多用于口头语言。战动作较大，而颤幅度较小，如颤巍巍。

颤（zhàn）栗与战栗是全等异形词，且以战栗为推荐词条，请务必重视。

振·震

振，本义为挽救。引申指举起，抖动，再引申指奋起，奋发等义。

震，本义为霹雳，即疾雷。

振动是指物体通过一个中心位置，不断作往返运动，这种运动是有规律的，也叫振荡，其结果通常没有破坏性；震动，意即颤动、使颤动，是无规则的，其结果往往是消极的，甚至是破坏性的，还指重大的事情、消息等使人心不平静（如震动全国）。振动一般只用于物理世界，震动既用于物理世界，也用于心理世界。这一区别在现代汉语中才形成，过去两者混用，原因在于当时没有现在这种严格的学科分类。

振动有常，可以预测，甚至可以有效利用；震动无常，如地震。

手机 zhèndòng，目的是提示主人有来电或短信（防止声音影响他人），对手机本身是没有破坏性的结果的，且 zhèndòng 频率是有规律的，故而应写作振动。

【振聋发聩】发出很大的声响，使耳聋的人也能听见，比喻用语言文字唤醒糊涂的人。也说发聋振聩。

【震耳欲聋】耳朵都快震聋了，形容声音很大。

减振，通常是减少各类机械中不需要的机械振动的措施。

减震，通常是指超高建筑物要采取的措施。

共振，指两个振动频率相同的物体，一个发生振动时，引起另一个物体振动。发生共振时的频率称"共振频率"。这也是部队通过大桥，不采用统一整齐步伐的原因。《现汉》中，只有"共振"没有"共震"。

住·驻

住，本义为停下。

驻，本义指马停在那儿。引申指停留，如青春永驻。由于马常与军队相配，故引申指军队停留。又由于军队移动性强，故引申出时间不长的意思，如驻扎、驻守、驻防。又由军队引申指政权、机构等，如驻外使节。

驻指军队或执行公务的人员暂时停留在某处。

住指长期定居，或泛指停留、居住。

【住地】名 居住的地方。

【驻地】名 ❶部队或外勤工作人员所驻的地方。❷地方行政机关的所在地。

由以上可以看出，驻用于政府机关、军队以及部门或单位，以及这些部门或单位派出人员到某地任职、执行公务，总而言之是组织行为。住一般是指个人及家庭行为，如"我住甸柳小区"。

柱·炷

柱，本义是支撑房屋的柱子。

炷，本义指灯芯。是"主"的加旁分化字。借指灯、烛。引申指可以燃烧的柱状物。再借用作量词，用于点着的香。还用于表示时间长短，如"一炷香工夫"。

炷用作量词时，媒体上常见"一炷香"被错写成"一柱香"，大不敬也。

灯柱，指灯的柱子；灯炷，指灯芯（也作灯心）。

妆·装

妆，本义是指女子脸部的化妆。

装，本义指包裹、行囊。

"化妆"和"化装"既可以指用化妆品和各种妆饰手段来修饰容貌；又可以指艺术化装，即演员在戏剧、电影、小品等表演中，运用脸涂油彩、身穿戏服、手持道具等手段，来塑造作品中人物的外部形象。但仔细辨析一下，可发现有以下两点不同：一是范围，"化妆"主要是在头发和脸部做文章；"化装"可以涉及身体局部，如头发、面容等，也可以是全身装扮。二是目的，"化妆"追求的是漂亮，通过技术手段扬长避短；"化装"是为了顺利完成某项任务，目的是改变自己的面目，如"二十五岁演员通过化装变成七十多岁的老人"。

演员是"化妆"还是"化装"呢？答案可分为两种情况：如是演员以自己的本色形象出现在舞台，应该首选"化妆"；如是以角色形象出现于舞台，应该首选"化装"。正因为此，综艺晚会多是"化妆"，戏剧、电影等多是"化装"。

妆饰与装饰，都有装饰、打扮之义。差别在于，"妆饰"常用于人（她出门前妆饰了一番），"装饰"多用于事物（把房间装饰一新）。